Quando a diversidade interroga a formação docente

Júlio Emílio Diniz-Pereira
Geraldo Leão
Organizadores

Quando a diversidade interroga a formação docente

autêntica

Copyright © 2008 by os autores

COORDENADOR DA COLEÇÃO DOCÊNCIA
Júlio Emílio Diniz-Pereira

CAPA
Patrícia De Michelis

EDITORAÇÃO ELETRÔNICA
Tales Leon de Marco

REVISÃO
Vera Lúcia de Simoni Castro

Todos os direitos reservados pela Autêntica Editora. Nenhuma parte desta publicação poderá ser reproduzida, seja por meios mecânicos, eletrônicos, seja via cópia xerográfica sem a autorização prévia da editora.

AUTÊNTICA EDITORA LTDA.
Rua Aimorés, 981, 8º andar. Funcionários
30140-071. Belo Horizonte. MG
Tel: (55 31) 3222 68 19
Televendas: 0800 283 13 22
www.autenticaeditora.com.br

Dados Internacionais de Catalogação na Publicação (CIP)
(Câmara Brasileira do Livro, SP, Brasil

Quando a diversidade interroga a formação docente / Júlio Emílio Diniz-Pereira, Geraldo Leão, organizadores . -- Belo Horizonte : Autêntica Editora, 2008 -- (Docência)

Vários autores
Bibliografia
ISBN 978-85-7526-362-4

1. Diversidade cultural 2. Educação como profissão 3. Educação multicultural 4. Multiculturalismo 5. Pedagigia 6. Prática de ensino 7. Professores - Formação profissional I. Diniz-Pereira, Júlio Emílio. II. Leão, Geraldo Magela Pereira. III. Série.

08-09576   CDD-370.71

Índices para catálogos sistemático:
1. Educação e diversidade : Desenvolvimento profissional : Educação   370.71
2. Professores : Desenvolvimento profissional : Educação   370.71

Sumário

Apresentação
Júlio Emílio Diniz-Pereira
Geraldo Leão   7

Introdução: Os coletivos diversos repolitizam a formação
Miguel G. Arroyo   11

Capítulo 1: Os professores indígenas chegam à universidade: desafios para a construção de uma educação intercultural
Lúcia Helena Alvarez Leite   37

Capítulo 2: Licenciatura em Educação do Campo: desafios e possibilidades da formação para a docência nas escolas do campo
Maria Isabel Antunes   57

Capítulo 3: Aprender a ser educador da EJA: análise de memoriais de professores-monitores do PROEF/UFMG
Júlio Emílio Diniz-Pereira,
Maria da Conceição Ferreira Reis Fonseca e outros   77

Capítulo 4: Diversidade étnico-racial
e formação continuada de professores(as) da Educação
Básica: desafios enfrentados pelo Programa Ações
Afirmativas na UFMG

Nilma Lino Gomes   109

Capítulo 5: Escola e juventudes: desafios da
formação de professores em tempos de mudança

Juarez Dayrell e outros   133

Capítulo 6: Formação docente e diversidade
sociocultural: reflexões com base na experiência de
formação de educadores do ProJovem-BH

Geraldo Leão e Júlio Emílio Diniz-Pereira   155

Os autores   171

Apresentação

Durante muito tempo, acreditou-se (e pode ser que, ainda hoje, muitos acreditem) que, para ser professor ou professora, não havia necessidade de uma preparação profissional. Bastava ter um dom ou uma predisposição para ensinar que tudo estaria resolvido. As mulheres, acreditava-se (acredita-se), teriam uma tendência "natural" para o ensino, especialmente, para a sala de aula das crianças pequenas. Na literatura educacional, tal crença, muito criticada, ficou conhecida como a "ideologia do dom".

Acreditava-se (acredita-se) ainda que, além de *"ter jeito pra coisa"* ou *"ter nascido pra isso"*, havia necessidade de um bom domínio do conteúdo a ser ensinado, principalmente, se o professor ou a professora fosse lecionar no ensino secundário ou nos anos finais do ensino primário. Não é à toa que médicos, advogados, jornalistas, engenheiros e outros, supostamente detentores do conhecimento a ser ensinado nas escolas e, claro, com *"jeito pra coisa"*, foram, por muitos anos, admitidos como profissionais do ensino em nossas escolas.

Finalmente, concordou-se, que para a formação desses profissionais haveria a necessidade de uma preparação específica. Durante muitos anos, porém, prevaleceu a idéia de que para ser professor, ou professora bastava dominar o conteúdo específico a ser ensinado. A "ideologia do dom" foi, aos poucos substituída (será que foi mesmo?) pela aceitação da idéia da necessidade de uma formação, também, em conteúdos pedagógicos. Como acreditava-se (e ainda acredita-se) que o mais importante mesmo era o domínio do conteúdo específico, essa formação em conhecimentos pedagógicos deveria ser mínima: o que convencionou-se chamar de "verniz pedagógico".

Claro que tudo isso aconteceria (e ainda acontece) bastante distante da realidade das escolas e das salas de aula, uma vez que a prática sempre foi olhada, meramente, como *locus* de aplicação de conhecimentos teóricos. O contato dos professores com a realidade prática permaneceu (e ainda permanece) confinada ao(s) último(s) ano(s) dos programas de formação.

Concluída essa preparação dita "inicial" – que no caso de muitos lugares no Brasil, nunca foi "pré-serviço" – os professores e as professoras estariam prontos e acabados para o exercício profissional. A chamada formação continuada ou permanente não era admitida como necessária.

Os professores, agora sim, licenciados para exercerem sua profissão, passam a ter uma preparação voltada para a atuação em sala de aula. Trata-se, todavia, de uma formação muito homogeneizada. Tal formação é ainda bastante voltada para um modelo ideal de escola e de aluno.

Uma especificidade, porém, desde cedo foi considerada: se a atuação desses profissionais fosse em salas de aula das séries iniciais do ensino primário, a formação deveria ser uma. Mas, se a atuação fosse nas séries finais do ensino primário e/ou no ensino secundário, a formação deveria ser outra. Para a primeira, admitia-se uma formação em nível médio e bastante generalista. Para a segunda, já haveria necessidade de uma formação em nível superior, além de muito voltada para o domínio do conteúdo específico.

Dessa maneira, a única especificidade admitida era a diferença de se ensinar ou para crianças pequenas – na verdade, nem tão pequenas assim, uma vez que ainda não se percebia a necessidade de uma preparação profissional para as que atuariam na Educação Infantil – ou para adolescentes. Mesmo assim, tanto essas crianças pequenas como esses adolescentes continuavam e continuam bastante idealizados.

Apenas muito recentemente, chamou-se a atenção para se contemplar, nessa formação, outras especificidades: as especificidades dos sujeitos-educadores e/ou as especificidades dos sujeitos-educandos com quem atuam. A especificidade de formação de sujeitos-educadores "outros", atuando com sujeitos-educandos, também "outros", que fogem do padrão dito "normal" da sociedade brasileira, é o tema desta coletânea.

Trazidos para as escolas por meio de mudanças conjunturais e mobilizações sociais que forçaram as políticas educacionais a permitirem o acesso desses sujeitos "outros" à Educação Básica, os profissionais da educação, que também já não são os mesmos, se viram diante de uma realidade que aquela formação generalista e homogeneizada não responderia mais (será que em alguma vez chegou a responder?).

Por meio da pressão e da atuação política dos movimentos sociais, aproveitando-se de oportunidades conjunturais e de "brechas" na legislação educacional, esses sujeitos "outros" também chegaram às universidades. Agora, uma vez lá, demandam outra formação que contemple as especificidades das realidades onde trabalham e dos sujeitos com quem atuam. Talvez, pela primeira vez na história da formação docente brasileira, apresentam-se questões em que o foco deixa de ser os conteúdos e os métodos de ensino e passa a ser as especificidades dos próprios sujeitos educadores e educandos.

Reunimos, pois, neste livro, textos que trazem reflexões sobre experiências concretas de formação "inicial" e/ou "continuada" – ou cuja especificidade demandaria até mesmo a invenção de novas terminologias quanto ao tipo de formação – voltadas para sujeitos "outros", em uma grande universidade brasileira: a Universidade Federal de Minas Gerais (UFMG).

O texto introdutório, escrito por Miguel Arroyo, professor emérito dessa Universidade, apresenta reflexões sobre como equacionar formação-docência-diversidade. Para o autor, cursos voltados para docentes-educadores dos diversos coletivos sociais, étnicos, raciais, geracionais e do campo são uma novidade e colocam uma série de questões para a pesquisa e para a história da educação e da formação pedagógica e docente.

Os três primeiros capítulos tratam de experiências de cursos e programas voltados para a chamada formação "inicial" de educadores indígenas, do campo e de Jovens e Adultos, respectivamente. O Capítulo 1, escrito por Lúcia Alvarez, analisa o processo de implantação do curso "Formação Intercultural para Educadores Indígenas" na UFMG. O segundo capítulo, de Isabel Antunes, discute dois projetos de Licenciatura em Educação do Campo, em andamento, na Federal de Minas Gerais. Finalmente, o Capítulo 3 traz uma análise de memoriais produzidos por estudantes das licenciaturas dessa Universidade que participam de um projeto de extensão em que um de seus propósitos é a formação de educadores de Jovens e Adultos. Esse último texto foi escrito por professores da UFMG que, coletivamente, coordenam o projeto em questão.

Os três capítulos seguintes tratam de reflexões sobre experiências de formação "continuada" de educadores. O Capítulo 4, de Nilma Gomes, discute a experiência do Programa Ações Afirmativas na UFMG com a formação continuada de professores(as) da Educação Básica para a diversidade étnico-racial. O capítulo 5 traz discussões sobre um curso, voltado para professores do 3º Ciclo do Ensino Fundamental da Rede Municipal de Contagem, que teve como eixo as reflexões sobre a escola e a docência na educação de jovens na sociedade brasileira contemporânea. Esse texto foi escrito por uma equipe do Observatório da Juventude da UFMG que coordenou e ministrou o curso. Por último, o Capítulo 6, cujos autores são os mesmos organizadores desta coletânea, trata de uma experiência de formação de professores da Escola Básica que atuaram, em Belo Horizonte, no Programa Nacional de Jovens: Educação, Qualificação e Ação Comunitária, o ProJovem.

Este livro pretende, então, discutir algumas questões sobre o tema "formação docente e diversidade". Trata-se de um convite aos educadores e profissionais da educação à reflexão sobre indagações como as lançadas por Miguel Arroyo, em seu capítulo introdutório: O que há de novidades nesses cursos? O que podem significar esses cursos para as faculdades de educação e as universidades em que acontecem? Que indagações trazem para a construção e o repensar da teoria pedagógica? Ou, resumindo, em que sentido a diversidade presente em nossa sociedade e em nossas escolas interroga a formação docente?

Júlio Emílio Diniz-Pereira
Geraldo Leão

Introdução
Os coletivos diversos repolitizam a formação

Miguel G. Arroyo

A preocupação com as desigualdades sociais e educativas já faz parte dos cursos de formação, mais de Pedagogia do que de licenciatura. No entanto, abrir cursos específicos para formar docentes-educadores dos diversos coletivos sociais, étnicos, raciais, geracionais e do campo é novidade. Os relatos aqui recompilados analisam essa novidade e sugerem a necessidade de maiores pesquisas e análises sobre seus significados político-pedagógicos.

Lembremos que os cursos de formação e diversidade aqui narrados se tornam realidade por meio de um longo processo de pressões políticas dos diversos coletivos organizados e de coletivos docentes comprometidos com a diversidade. Formar os próprios docentes-educadores é encarado como uma afirmação política e identitária da diversidade.

O que podem significar esses cursos para as faculdades de educação e para as universidades em que acontecem? Que indagações trazem para a pesquisa, para a história da educação e da formação pedagógica e docente? Que indagações trazem para a construção e o repensar da teoria pedagógica? O que há de novidade nesses cursos?

Neste texto, tento explicitar algumas indagações que se destacam como constantes nos diversos relatos presentes nessa coletânea, tendo o devido cuidado para não igualar a rica diversidade que cada coletivo e seus cursos apresentam. Procuro não ver e tratar a diversidade como o somatório das diferenças nem como uma categoria abstrata que oculte as diferenças de coletivos concretos feitos desiguais em brutais processos históricos.

Como equacionar programas de formação e diversidade?

O primeiro desafio com que se defrontam esses programas é como equacionar formação/docência/diversidade. Partir de um paradigma e de um perfil de docente-educador e de sua formação e tentar aplicá-lo à diversidade? Partir de uma caracterização da diversidade e daí indagar e redefinir paradigmas e perfis de educação, de docência e de formação? Estabelecer um diálogo entre diversidade e formação?

A tendência no equacionamento de todo curso de formação é partir de concepções prévias da docência e do perfil de profissional da educação básica. Parte-se sempre da idéia de organizar um currículo que os capacite para lecionar em qualquer escola, seja da cidade ou do campo, das periferias urbanas, seja para indígenas ou jovens e adultos. Os coletivos diversos seriam vistos como destinatários de última hora de um projeto comum de educação básica, conseqüentemente projeto único de docência e de formação. A diversidade tende a ser secundarizada. O que é visto como universal, comum e único é o determinante.

Quando os programas seguem essa lógica, em pouco se diferenciam de todo curso de Pedagogia e de licenciatura. Se a condição docente é pensada como única e as diretrizes e as normas que regulam sua formação também são únicas, só resta aplicá-las com as "permitidas" adaptações em tempos, cargas horárias, presenciais ou em alternância, em comunidade, etc. Não tem sido fácil equacionar cursos de diversidade e formação sem sair dessas lógicas, concepções e diretrizes únicas de currículo e de núcleo comum obrigatório. Normatividades rígidas e que ao máximo apontam a possibilidade de um núcleo diversificado ou um calendário adaptado à diversidade regional. A diversidade regional é aquela que tem sido mais destacada nas orientações curriculares aberta a possíveis adaptações secundárias. Nesse sentido, a diversidade ainda está condicionada à lógica universal. Seria essa a lógica em que se estruturam os cursos de formação e diversidade? Será que a diversidade pode continuar sendo reduzida ao regional? Tratada como mera adaptação?

Na medida em que outras diversidades foram postas na arena política – diversidades sociais, étnicas, raciais, de campo, geracionais, de gênero – diretrizes específicas foram aparecendo; porém, a tradição de ser fiéis ao núcleo comum, único, continuou inalterada, apenas abrindo margens para adaptações mais elásticas. Neste quadro conceitual e normativo, chegam os cursos de formação de professores de Educação de Jovens e Adultos (EJA), camponeses, indígenas e quilombolas, e as experiências de formação para o ensino de História da África e de Cultura Afro-Brasileira e Indígena.

Os relatos e as análises aqui apresentados mostram os limites de equacionar e reconhecer programas de formação e diversidade nesse quadro conceitual e normativo. A pressão é para que se adaptem aos cânones de normalidade e universalidade de docência, de graduação e de licenciatura ou Pedagogia para uma docência única de educação básica única. O que leva a essas limitadas alternativas é partir de paradigmas de docência e de formação ignorando ou secundarizando as especificidades dos coletivos diversos aos quais se destinam os cursos. Como sair desses limites? Partindo de um equacionamento realista da diversidade, das diferenças e dos coletivos concretos, históricos, feitos desiguais porque diversos. Essa pode ser uma perspectiva mais radical.

As narrativas e as análises desses programas sugerem que o caminho mais fecundo para equacionar cursos de formação e diversidade é partir da diversidade, dos coletivos diversos para equacionar interrogar qual docência, qual educação básica, qual formação, quais currículos e qual organização, quais tempos e espaços, etc. Tal caminho supõe assumir que a história da produção dos diversos em desiguais questiona paradigmas, perfis, concepções de docência, de educação e de formação.

Inverter os processos usuais de equacionar cursos de formação, assumindo a diversidade como ponto de partida. A premissa é que esses cursos de formação não trarão grandes novidades, nem para os coletivos diversos nem para a condição docente e sua formação se se limitarem a adaptar temáticas, tempos e horários sem se abrirem à radicalidade política, cultural e educativa que vêm dos coletivos diversos, de sua organização e de seus movimentos, de seus processos de formação de militantes-educadores. Em diálogo com essa diversidade, será possível avançar em concepções e práticas de educação, de docência e de formação. Será possível avançar em outras funções sociais, culturais e pedagógicas para as universidades públicas e para seus cursos de formação. Inclusive para a pesquisa e a teorização.

Conseqüentemente não equacionar esses cursos como à margem, nem como concessões benévolas para as "minorias à margem" do conhecimento e da ciência, da educação e da civilização, mas equacionar a presença dos coletivos diversos como uma das formas de entrada no sistema escolar e especificamente na universidade, da dinâmica social, política, teórica, pedagógica que suas organizações, ações coletivas e movimentos colocam em nossa sociedade. Assumir que a abertura a essa dinâmica pode significar novas indagações para a pesquisa, a reflexão, a produção teórica e para os cursos de formação não apenas na área da docência, mas de outros perfis de profissionais demandados ou redefinidos nessa dinâmica social. Há em várias universidades cursos de Agronomia e de Direito para a diversidade.

Para o campo específico da formação docente e pedagógica e para a renovação teórica em educação, cabe a esses cursos defrontar-se como ponto de partida com a diversidade, as diferenças e os processos históricos de produção das diferenças em desigualdades. Ir fundo na história política, econômica, social e cultural e também pedagógica dessa construção dos coletivos diversos em desiguais. A compreensão dessa história tão brutal deveria ser o tema central de abertura de todos os cursos de formação e diversidade. Que os estudantes membros desses coletivos entendam com profundidade teórica sobre essa história. Que cultivem a sensibilidade pedagógica para entender sua história nessa história e para levar esse entendimento às crianças e aos adolescentes, aos jovens e aos adultos com que trabalharem nos campos, nas florestas, nas periferias, nas comunidades indígenas, negras, quilombolas e até nas escolas públicas populares, na EJA onde já chegaram os diversos-desiguais.

Infelizmente essa história não faz parte do núcleo comum dos currículos de educação básica nem de Pedagogia ou licenciatura, apesar de ser um núcleo estruturante de nossa formação social, política, cultural e pedagógica. Na medida em que os programas de diversidade e formação inovarem nessa direção, estarão ressignificando concepções de Educação Básica, de Pedagogia e de licenciatura e de Universidade. Por aí os programas vão além deles mesmos, indagando as concepções de educação, de docência, de currículo e de formação hegemônicas em nossos programas de formação docente.

Para que esse diálogo entre pedagogia, formação, docência, universidade, pesquisa e os coletivos em sua rica diversidade seja possível e fecundo, será necessário avançar para além das concepções e representações, ainda tão arraigadas sobre as "minorias" étnicas, raciais, do campo, qual seja, os periféricos. Os diversos. Representações que marcam o equacionamento desses cursos, sua benevolente aprovação como dádivas para os periféricos. Os "outros". Visões que marcam a presença dos estudantes, dos coletivos diversos como que "estranhos", "fora do ninho", do lugar, à margem do normal andamento das faculdades onde acontecem. O mesmo estranhamento que padecem na sociedade.

REEDUCAR O OLHAR SOBRE A DIVERSIDADE

Assumido o olhar sobre a diversidade como ponto de partida, uma questão merece destaque nos relatos: como formar docentes-educadores para ver os coletivos diversos? Com quais olhares? Com novas maneiras de vê-los? Como reeducar os docentes-educadores a fim de que superem visões e representações preconceituosas sobre os diversos?

Há consciência nos programas de formação de que a sociedade e as instituições educativas, a academia, assim como as ciências e a pedagogia, partem de visões feitas, até "pré-conceituosas" quando se aproximam da diversidade. Algumas das propostas colocam como questão nuclear trabalhar as representações do negro, do indígena, dos jovens e adultos populares, dos povos do campo. Representações presentes na diversidade de discursos literários, mediáticos, acadêmicos... É também intenção de algumas dessas propostas que os professores-educadores se formem na capacidade de interpretar e desconstruir essas visões e representações.

As análises revelam que esse processo de interpretar e desconstruir olhares e representações sobre os coletivos diversos e reeducar outros olhares é tarefa complexa na hora de reconhecer os cursos, de organizar os currículos, os tempos e espaços, as avaliações e a relação pedagógica entre educadores e educandos. Porque essas representações não estão apenas nos discursos, nem no olhar dos docentes, mas impregnam as estruturas, as lógicas e os valores constituintes do sistema escolar, da academia, do ensino, da pesquisa e da extensão, das avaliações e dos currículos. Da própria relação pedagógica.

A produção de paradigmas científicos e de conhecimento, a própria condição docente e o sistema escolar se configuraram em um determinado olhar sobre as diferenças sociais, étnicas, raciais, do campo e das periferias. O conjunto dos processos educativos não se esqueceu desses coletivos e agora passou a olhá-los, mas se configurou olhando-os com uma determinada representação. O sistema escolar e a universidade fizeram parte da produção da diversidade em desigualdades.

O problema com que se defrontam os programas de formação de docentes-educadores para o trato da diversidade no sistema escolar é que não podem reduzir a análise e a desconstrução dessas representações apenas aos discursos externos, nem às mentes das pessoas, mas têm de questionar e entender as lógicas e os valores estruturantes do próprio sistema escolar, da própria condição docente e da relação pedagógica.

Em outros termos, trata-se de formar docentes-educadores que entendam como o próprio sistema e a própria docência participaram e participam na produção dos diversos em desiguais por meio de seus padrões de ciência, racionalidade e conhecimento, de cultura e civilização, de avaliação, classificação e segregação. A tendência tem sido tratar o sistema e suas estruturas como neutras, isentas de representações sobre a diversidade, e trabalhar as representações preconceituosas apenas fora do sistema.

Os estudantes membros dos coletivos diversos experimentam que entrar na academia, na pesquisa, nas disciplinas, nas estruturas e nas avaliações é defrontar-se com racionalidades, valores, concepções que carregam em si representações sobre a diversidade, as diferenças e as desigualdades. Como equacionar e trabalhar esses inevitáveis confrontos? Os relatos revelam que se trata de uma experiência tensa para os estudantes, os docentes, as faculdades e as universidades.

Em outros termos, reeducar os olhares dos gestores e coletivos docentes não será suficiente. A questão de fundo com que se defronta todo programa de formação e diversidade é se conseguirão desconstruir os olhares e as concepções institucionalizadas do próprio sistema escolar e da Universidade que produziram e reproduzem os diversos como desiguais. Como os programas poderão defrontar-se com pontos nucleares da instituição escolar e universitária que resistem a essa desconstrução? Destaquemos alguns pontos que afloram nos relatos.

Concepções e olhares generalistas

A formação de docentes-educadores para o trato da diversidade se defronta no sistema escolar e na academia com concepções generalistas, únicas de ser humano, de cidadania, de história e de progresso, de racionalidade, de ciência e de conhecimento, de formação e de docência. Defronta-se com diretrizes curriculares, normas e leis, políticas, processos e tempos de ensino-aprendizagem legitimados em princípios universais. Quando essas concepções, princípios e diretrizes são tomados como padrões únicos de classificação dos indivíduos e dos coletivos, de povos, raças, classes, etnias, gêneros ou gerações, a tendência será hierarquizá-los e polarizá-los. Fazer da diversidade desigualdades em função desses padrões únicos.

Nessa lógica polarizadora e segregadora dos coletivos diversos, tem operado o padrão de poder e de trabalho, de apropriação dos bens, da terra, da riqueza e também o padrão de conhecimento, de racionalidade e cientificidade, de cultura e de civilização. O sistema escolar desde a Educação Infantil até a entrada e permanência na Universidade opera com a lógica de aplicar um padrão único com que medir, classificar e hierarquizar os coletivos diversos, sociais, étnicos, raciais, geracionais, de gênero e do campo como desiguais em racionalidade, conhecimento, valores, cultura, civilização, moralidade, esforço, trabalho, sucesso e mérito...

Aplicando esse padrão único, o sistema ao longo do percurso (até antes negando ou dificultando o acesso) vai introjetando na cultura social e nos próprios coletivos diversos o sentimento de que realmente são desiguais nos padrões que legitimam o sistema e a universidade: a racionalidade, o conhecimento, o trabalho, o mérito e a qualidade.

Os estudantes, desde a primeira série, entram em processos de avaliação, classificação e segregação a partir desses padrões de medida. Como trabalhar esses processos tão brutais de hierarquização com jovens e adultos que chegam com experiências de classificação como desiguais na sociedade, no trabalho, no poder, porque diversos em classe, raça, etnia, pertencimento territorial? Que centralidade deveria ter entender esses processos nos cursos de formação e diversidade? Que visão crítica desenvolver sobre o papel classificatório dos próprios padrões de racionalidade, conhecimento, cultura, civilização e mérito que estruturam o sistema escolar em que se formam e para o qual se formam? Que sentido dar a esses cursos? Nessa lógica a tendência será equacioná-los e aprová-los para que os coletivos sociais, étnicos, raciais, do campo (supostamente distantes dos padrões únicos de racionalidade, conhecimento, moralidade, cultura e civilização) se aproximem desses parâmetros que a Universidade sintetiza.

Os cursos e as motivações nobres que os permitem, aprovam e estruturam podem estar reproduzindo e reforçando os velhos padrões que historicamente fizeram parte da produção dos diversos em desiguais. Esses cursos vêm revelando, desde os longos processos de sua aprovação benevolente, quão difícil é para o sistema escolar e especificamente para a academia se liberar das concepções e dos padrões hierarquizantes que estão na origem da produção da diversidade em desigualdades. As discussões sobre incorporar esses cursos na normalidade acadêmica traz à tona essas tensões de base. O que prevalece é a inquestionalidade desses padrões que em si produzem a classificação, hierarquização de indivíduos e sobretudo de coletivos. Questionar esses padrões é visto como desqualificar a Universidade, os sistemas, a formação e sua qualidade.

A responsabilidade é repassada aos próprios coletivos vistos como desiguais em conhecimento, racionalidade, moralidade, cultura e civilização, que se esforcem e, por mérito, entrem nessas lógicas e se aproximem ao máximo dos padrões únicos. Para serem bem classificados, superarem o pólo negativo da ignorância, do primitivismo, da tradição, da irracionalidade, do misticismo e passarem para o pólo positivo. A Universidade generosamente abre suas portas para que façam esses percursos civilizatórios. Em suma, que deixem de ser diversos em cultura, saberes, racionalidades, valores, formas de se pensar e de entender o real, e se adaptem ao paradigma único.

Não é isso mesmo que se vem esperando desde a colonização dos povos indígenas e negros, caboclos, das selvas e dos campos, vistos como primitivos, selvagens, incultos e irracionais? Quando repensam, indagam, discutem e redimensionam essa "tradição civilizatória", os cursos de formação e diversidade tocam no cerne da relação entre povos, coletivos diversos, e o padrão único de civilização.

Os relatos dos cursos têm consciência de que a questão radical com que se defrontam é como repensar e desconstruir esses padrões classificatórios. Será necessário, porém não será suficiente adequar ou flexibilizar currículos, tempos, cargas horárias. Menos ainda reduzir exigências, rebaixar a qualidade, negar o direito ao conhecimento e à sólida formação. Os coletivos diversos vêm lutando pelo direito à Educação Básica e Superior, mas propõem ao sistema e à academia o reconhecimento de seus saberes, suas racionalidades, suas formas de se saber, de pensar o real. O reconhecimento de suas culturas, de seus valores e da sua memória. De suas histórias na história. Propõem o reconhecimento da diversidade de padrões de conhecimento, de formas de interpretar a história, os vários projetos de campo, de florestas, de sociedade.

Propõem um diálogo e debate sobre esses padrões. Os programas de formação docente e diversidade podem se constituir em um tempo-espaço desse diálogo possível.

A DIVERSIDADE VISTA COMO INFERIORIDADE

Esses padrões únicos e suas conseqüentes hierarquizações se alimentam de uma visão inferiorizada dos coletivos e dos povos diversos. Alimentam e legitimam essa visão. Todos os relatos se defrontam com a necessidade de desconstruir esses olhares tão negativos para construir outros olhares. Como formar docentes-educadores que superem essa visão inferiorizada de si mesmos e de seus coletivos? Por onde passam visões infantilizadas dos diversos?

É freqüente vê-los como massa amorfa, sem rosto e sem identidade. Para designar a chegada dos filhos(as) dos setores populares à Educação Básica, até análises sociológicas usam o termo "massificação" da escola pública. A quantidade massifica e ameaça a qualidade. Diante da ameaça, a qualidade pela chegada das massas populares se impõe estar alerta por intermédio de avaliações oficiais, nacionais, sobre seu desempenho nos processos de aprendizagem. Avaliações que classifiquem não cada aluno mas coletivos sociais, das periferias e dos campos, em hierárquico *Índice de Desenvolvimento da Educação*. A mídia explora esses índices reforçando a inferioridade no desempenho escolar dos povos do campo, das periferias e das regiões pobres. Dos diversos-desiguais.

A visão de inferioridade dos "outros" persegue a sociedade e o sistema escolar até quando a escola pública popular se democratiza: "Cuidado, escola, a massa amorfa indolente, ignorante e irracional está chegando! Sofistiquemos as avaliações e a reprovação!". A segregação instalada como prática desde que os setores suburbanos chegaram à escola pública agora deixa de ser individual para ser de coletivos que ameaçam a qualidade da Educação Básica por serem considerados como inferiores.

Análises semelhantes aparecem para se contrapor à entrada de jovens populares nas universidades via ações afirmativas ou cursos afirmativos como os que aqui são analisados. Não faltam manifestos de "sérios defensores" da qualidade da universidade mostrando seus medos sobre o perigo de massificar o Ensino Superior e assim perder a sua excelência intelectual e científica. Alertas não têm faltado sobre a possibilidade de os cursos de formação de professores indígenas, quilombolas ou do campo serem capazes de formar na qualidade e cientificidade exigida de um licenciado em áreas sérias, científicas, e para um Ensino Médio sério. A dúvida não vem da capacidade da própria universidade de equacionar cursos sérios de formação docente, mas a dúvida vem dos alunos que freqüentam esses cursos, jovens, adultos do campo, indígenas, negros, quilombolas, indicados por seus coletivos tão diferentes. Todos considerados como atrasados e desqualificados em nossa história.

De maneira velada ou explícita, parte-se de uma visão negativa, inferiorizada dos coletivos populares, diversos, desiguais, "de baixo nível". Visão que leva a acender os sinais de alerta: "Preservemos a excelência e o alto nível!".

A visão infantilizada dos coletivos diversos, divididos por classe, raça, etnia, campo, periferia, pobres, está tão incrustada em nossa cultura política e pedagógica que sobre eles se projetam os traços estereotipados da infância: sem fala, sem voz, sem razão, sem capacidade de decidir, sem liberdade, sem história, sem se atrever a pensar, sem maturidade. Coletivos na minoridade. Os processos lentos de reconhecimento desses cursos, a classificação como cursos e programas de extensão, a constante preocupação que aparece nos relatos e nos debates das faculdades para que os currículos destinados a esses coletivos não se desviem do que é considerado como qualidade e seriedade acadêmicas, como curso de "alto" nível, revelam essa visão infantilizada que se projeta sobre os mesmos e sobre os projetos pedagógicos que os atendem. Como são persistentes, entre nós, as representações negativas da diversidade!

Uma das funções desses cursos tem sido mostrar essas representações perversas que recaem sobre os coletivos diversos. Debates que deverão ser centrais nos currículos de todo curso de formação de docentes-educadores de educação básica e superior. Representações que merecem e exigem pesquisas e análises dos cursos de pós-graduação. A presença desses coletivos "infantis" nas faculdades de educação colocam velhas e novas indagações que têm estado à margem da pesquisa e reflexão. Deixar essas indagações que fazem parte de nossa formação social, política, cultural e pedagógica por conta de coletivos comprometidos por origem ou afinidades com os coletivos diversos-desiguais é uma forma a mais de reproduzir a diversidade em exotismo, em "anormalidade". Uma forma de marginalizar as diversidades e os coletivos diversos do embate, da pesquisa e da produção teórica "normal".

Os relatos mostram outras visões negativas que têm de ser desconstruídas nos cursos de formação, na pesquisa e na reflexão, como, por exemplo, aquela que tende a ver os setores populares, os jovens especificamente, como problema social, ameaçadores, violentos, vulneráveis, em situação de risco, com problemas comportamentais, sem referentes éticos, incapazes do exercício da liberdade, etc. Revelam também a visão negativa no campo da moralidade humana que historicamente recai sobre os coletivos indígenas, negros, pobres, do campo e das periferias. Visão que recai sobre os movimentos sociais, classificando suas lutas como fora da ordem, como reações primitivas. A demonização dos movimentos sociais faz parte da visão negativa que a cultura social e política carrega da diversidade.

O trabalho com essas representações tão negativas dos diversos se impõe como central nos cursos de formação e diversidade. Um trabalho tenso, mas de enorme riqueza e potencial pedagógico e formador. "Lidar com os diferentes olhares sobre as diferenças oriundas inclusive dos próprios sujeitos considerados diferentes é algo muito pouco usual na universidade". Essa reflexão nos leva a uma questão obrigatória nos cursos: como trabalhar representações negativas, inferiorizadas de si mesmos nos coletivos diferentes? Representações internalizadas da sociedade sobre si mesmos.

Paulo Freire nos lembrava que o submetimento à opressão levava à internalização da auto-imagem de oprimido, de inferior. O Movimento de Educação Popular e a Pedagogia do Oprimido, particularmente, mostraram os processos de desconstrução dessas imagens nos próprios coletivos oprimidos: saber-se sabendo dos processos históricos dessa construção da opressão. A pedagogia dos movimentos sociais tem avançado nesses processos pedagógicos delicados de desconstrução de auto-imagens negativas. Tarefa que assumem os cursos de formação e diversidade como central.

Os relatos mostram, porém, que essa preocupação legítima por saber-se, por encontrar interpretações consistentes sobre suas histórias, sobre essas representações para delas se libertarem não encontra muito espaço na prioridade acadêmica. Os currículos deixam pouco espaço para saber-se. O espaço é para o saber das disciplinas, o que ensinar e como ensinar exigidos no núcleo comum por inflexíveis diretrizes curriculares. O saber-se sobre si, suas histórias coletivas de opressão, segregação e as auto-imagens negativas impostas e internalizadas nessas vivências não merecerão um lugar privilegiado nem nos currículos de formação docente, nem os de Educação Básica dos setores populares. Poderíamos indagar-nos: de que adianta dominar saberes se não nos ajudam a melhor saber-nos e apreender-nos? Todos os esforços e iniciativas de cada programa nessa direção merecem ser socializados e reforçados.

Os cursos podem ser um espaço privilegiado para reeducar as instituições escolares e acadêmicas e seus docentes e gestores sobre as preconceituosas representações da diversidade antes excluída e que agora pressiona pelo acesso e permanência. Reeducar o Estado, suas políticas, seu corpo normativo, seus valores para desconstruir essas visões.

A DIVERSIDADE SOB O OLHAR ESCOLAR

Preocupados em ter melhor compreensão da diversidade, os cursos que caminham na perspectiva da diversidade são obrigados a trabalhar o próprio olhar escolar. Quando se trata de políticas escolares e de programas acadêmicos, a tendência será ver os coletivos diversos sob o olhar escolar e acadêmico, como alunos. O caminho privilegiado será classificá-los por seus percursos escolares, se bem-sucedidos ou truncados, seu letramento, suas lacunas de origem, a baixa qualidade de sua escolarização, seu acesso por mérito ou não, seu desempenho escolar... Logo aparecerão pesquisas comparando os alunos dos cursos de formação e diversidade com os alunos dos cursos regulares. Nessa perspectiva, a diversidade tende a ser reduzida à diferença de desempenho, de percursos escolares no acesso e na permanência à educação escolar e até mesmo de capacidades intelectuais.

O olhar escolarizado sobre os coletivos diversos ainda é mais exigente do que vê-los como alunos. Serão medidos por um perfil único de aluno. No acesso, nos processos de seleção que tendem a ser mais rígidos, serão logo medidos, classificados e enquadrados no protótipo único, idealizado de aluno, capaz de acompanhar um curso acadêmico visto também com um protótipo único. Os cursos têm tentado inovar quanto ao acesso, respeitando e valorizando a diversidade de vivências, de saberes, de formas de pensar, a formação acumulada na militância, etc. Contudo a tendência é ir secundarizando essas diferenças e sua riqueza e exigir as competências "indispensáveis" ao protótipo de aluno que a academia exige. A indicação das comunidades não será o critério, mas a classificação em critérios de protótipo de aluno requerido na academia. O olhar escolar termina se impondo sobre os critérios das comunidades. Tensões que logo aparecem no olhar escolar sobre a diversidade, no momento de acesso a esses cursos e que se torna ainda mais forte na permanência.

Durante o percurso escolar, desde o primário, todos sem diferenças, terão de aprender a ser alunos e a se adaptar ao mesmo protótipo de aluno. Sabemos como esse aprendizado e essa adaptação leva aqueles que não o aprendem ou não se enquadram ao fracasso, à reprovação, ao abandono. Processos excludentes em que está em jogo o olhar escolar da diversidade ou a ignorância das diferenças. Como os jovens e adultos – conscientes de sua diversidade – vivenciam esse aprender a ser alunos e adaptar-se ao protótipo único da academia? Os jovens populares e os militantes do campo, negros e indígenas que vêm de outros processos de aprendizagem e de formação, entram em conflito com esse protótipo único de aluno que ignora e violenta suas diferenças de aprendizagem.

Os cursos se revelam um espaço onde se explicita a tensão inerente ao modo único de ser educando e de aprender escolar. Tensões na forma escolar de ensinar, aprender e formar que se revelam mais tensas quando os educandos e as educandas vêm de vivências e trajetórias diversas de ser, de aprender a ser. A entrada e a permanência dos coletivos diversos na Educação Básica já vinha alertando-nos sobre essas tensões. Sua chegada e permanência na universidade está radicalizando as indagações. Os cursos de formação e diversidade não podem ignorá-las. Antes se convertem em espaços propícios para explicitá-las. Que a compreensão sobre essas tensões faça parte das propostas de formação.

Radicalizando a análise, os cursos poderão explicitar como o modo único de ensinar e o protótipo único de aluno, os percursos únicos, os currículos únicos, as classificações a partir desses mecanismos únicos terminaram fazendo parte dos processos de produção das diferenças em desigualdades. Porque esses parâmetros únicos e formas únicas escolares não foram construídas a partir do reconhecimento da diversidade nem em diálogo com a diversidade de processos de viver, de ser, de aprender e de se formar. Nesse ponto de origem, o sistema escolar e seus parâmetros de ensino-aprendizagem e formação se confirmaram ignorando a diversidade. Nesse vício de origem, fica difícil ao sistema escolar reconhecer a diversidade, as diferenças, sem se repensar em sua conformação de origem.

Pontos nucleares para aprofundar, pesquisar e teorizar em cursos de formação e diversidade. A presença dos coletivos diversos na escola e na universidade se torna extremamente incômoda porque põe de manifesto as contradições entre sua conformação, ignorando a diversidade, e deve-se reconhecê-la como um dado não apenas nas ruas, nas periferias, nos campos e nas florestas, mas nas salas de aula, na pressão pelo acesso e pela permanência.

A tendência do sistema escolar desde a Educação Infantil até a Universidade tem sido criar sistemas diversos para os coletivos diversos, estratificar cursos, áreas nobres e vulgares, diurno e noturno, reproduzir as desigualdades nos tratos e percursos. Os cursos aqui relatados foram reconhecidos como diversos para os diferentes à margem da normalidade acadêmica. O parâmetro conformador do sistema escolar e da universidade não teve, portanto, a sua estrutura alterada. Os coletivos diversos são "aceitos" na estrutura acadêmica, porém terão acesso a cursos "especiais" ou considerados por alguns como de nível inferior. Nessa perspectiva, o protótipo único de educando, de percurso, de mérito, não é questionado. Esse tipo de posicionamento é, na realidade, uma forma de resistência às pressões vindas da diversidade. Repensar e reconfigurar o modo escolar reconhecendo as diferenças e em diálogo com a diversidade ainda está longe da nossa prática, dos nossos projetos acadêmicos e da estrutura curricular universitária. Esses cursos pressionam por esse diálogo.

Há ainda um olhar sobre a diversidade-desigualdades que a escola cultua: ver os percursos escolares desiguais como constituintes das desigualdades sociais, raciais, étnicas, geracionais, do campo. Logo, fazer das políticas de igualdade escolar o remédio para acabar com a diversidade, as diferenças e todas as desigualdades. Ver a exclusão social como efeito da exclusão escolar. Logo, escola inclusiva, políticas de inclusão e integração escolar dos diversos e desiguais. A análise escolar tende a se ver como antídoto e termina sendo superficial na compreensão dos brutais processos de produção dos diversos em desiguais. O olhar escolar minimiza o peso dos padrões de poder, de trabalho, de apropriação da terra, dos bens, do conhecimento, da ciência como configurantes do padrão de classificação dos coletivos e dos povos, raças, etnias, classes. Nas décadas de 1970/1980, avançamos nessa compreensão, porém, ao longo dos anos, ela foi secundarizada. Os próprios diversos-desiguais repõem esses padrões de produção das desigualdades em novas bases. Pressionam por corrigir desigualdades escolares, mas articuladas a políticas que revertam os padrões de poder, de trabalho, de apropriação da terra e do espaço, de projetos de campo, de cidade e de sociedade. Desconstruir olhares escolares ingênuos sobre a diversidade pode ser uma função dos cursos de formação.

Os coletivos diversos trazem suas representações

Reeducar os olhares e as representações sobre a diversidade é uma tarefa central nos programas de formação e diversidade. Entretanto, os estudantes e os coletivos diversos levam aos programas seu olhar e suas representações sobre sua diversidade, sobre sua história, sobre si mesmos e sobre os processos históricos em que suas diferenças foram hierarquizadas como desigualdades.

Essa realidade traz indagações para os cursos de formação: que olhar é esse? Até que ponto os programas sabem, reconhecem esses olhares dos coletivos sobre si mesmos? Que condições, tempos, espaços devem-se criar para que aflorem? As propostas de cursos de formação são equacionadas a partir dos olhares desses sujeitos sobre eles mesmos ou do olhar que a sociedade, as políticas e as normas e as instituições acadêmicas têm sobre a diversidade? Como pôr em diálogo as várias representações que os coletivos diversos têm sobre suas histórias, culturas, segregações e afirmações? Que saberes e valores, que processos de formação acontecem na produção das representações sobre si mesmos?

Os programas tentam reconhecer esses olhares e saberes de si mesmos nas formas de organizar os tempos, nas pesquisas e monografias. Tentativas tensas. O próprio reconhecimento de que, como coletivos diversos, carregam seu olhar construído em relação e tensão com as representações negativas da sociedade e até do sistema escolar sobre eles é uma tensão presente nos programas e até nas salas de aula. Os saberes instituídos dos currículos são saberes *sobre* eles, nem sempre coincidentes com *seus* saberes. Por outro lado, nem na rigidez dos tempos acadêmicos estabelecidos, nem nas lógicas do olhar científico há tempo para que os coletivos diversos explicitem seu olhar sobre si mesmos.

Cada relato mostra a intenção de deixar-lhes falar, de abrir espaços para os saberes de si, como jovens populares, como militantes do campo, dos povos indígenas, dos quilombolas, dos negros, dos jovens e adultos. Se aprender a ouvir e calar é um dos aprendizados da condição docente-discente, tentar se contrapor a essa lógica gera tensões. Tensões que se tornam mais explícitas quando os estudantes vêm de movimentos juvenis ou da militância e de reações a longos tempos de silenciamento como coletivos diversos. Tensões oriundas dos aprendizados políticos e sociais desses mesmos coletivos, nos quais aprenderam "a dizer não" às imposições, coerções, racismos, sexismos e às mais diferentes formas de preconceitos e discriminações. Tensões que extrapolam o aprender a ser alunos e se misturam com os tensos processos de apreender-se como diversos, feitos tão desiguais. Se para todo adolescente, jovem ou adulto é tenso chegar ao sistema escolar para ouvir e não ser ouvido, essa tensão é maior com jovens-adultos que se organizam em ações coletivas e em movimentos para serem ouvidos como coletivos. Esse dado traz uma predisposição dos militantes-estudantes para incorporarem em sua formação de educadores(as) sensibilidades para ouvir os saberes e as representações, as histórias de coletivos tão silenciados em nossa história. Que lugar ocupa nos cursos de formação cultivar a sensibilidade humana, pedagógica para ouvir? Para reconhecer que os "outros" têm seus saberes e representações sobre si mesmos como diversos?

Os relatos insinuam que esse deveria ser o ponto de partida para a programação dos cursos de formação e diversidade. Começar criando espaços e tempos para que explicitem como se vêem, que saberes acumularam sobre serem diversos, diferentes, sobre vivenciar a experiência social, política, cultural e escolar do trato das desigualdades em nossa formação. Feito esse levantamento e mapeados esses olhares sobre si mesmos, é preciso confrontá-los com os olhares da sociedade, do sistema escolar, da docência, das ciências, da academia e das políticas de formação. Com esse mapeamento e confronto, estaríamos em condições de equacionar um curso de formação a partir da diversidade vivenciada pelos coletivos diversos.

Como captar essas vivências da diversidade? Alguns relatos valorizam depoimentos dos estudantes sobre si mesmos como estudantes, sobre seus percursos nos programas e até sobre seus percursos humanos como jovens populares, por exemplo. Entretanto, pouco sabemos de suas vivências da diversidade-desigualdade como coletivos. A diversidade-desigualdade está colada a coletivos em nossa formação social, vivenciada na condição de membros desses coletivos. Os programas são para estudantes, militantes desses coletivos.

Um caminho seria abrir espaços e tempos para que aflorem tantas histórias de resistências e de lutas coletivas. Histórias não apenas de opressão, silenciamento e segregação social, racial, étnica, geracional e territorial, mas sobretudo histórias de afirmação da diversidade, da memória, de identidades, valores e tradições coletivas. Esses coletivos têm muitas histórias a contar.

Por aí os programas podem inovar em estratégias de formação: dar maior espaço às narrativas coletivas. Os povos latino-americanos de que fazem parte os coletivos que freqüentam os cursos conservam uma tradição oral. Seus saberes e conhecimentos estão recobertos de narrativas. Os sujeitos transmissores são narradores. Os movimentos sociais são os velhos-novos narradores. Estão na vanguarda em toda a América Latina com ganas de contar suas histórias da diversidade-desigualdades. Outras histórias silenciadas ou contadas como distantes e pertencentes a um passado a ser esquecido.

Os coletivos diversos feitos desiguais vêm para nos contar coisas que não passaram e que estão passando. Histórias de sua autoria. Novos cronistas? Com olhares bem diferentes dos cronistas visitantes, distantes. Nativos cronistas que se contam a si mesmos. Revelam-se. Suas narrativas, músicas, marchas são espaços privilegiados da nova crônica latino-americana. Tão diferentes das crônicas oficiais, dos cronistas colonizadores e pós-colonizadores sobre o exotismo dos primitivos, selvagens, indígenas, caboclos, negros e dos campos.

Outra mirada, a deles, escrutadora, contestadora. Reveladora de uma consciência silenciada, intencionalmente mantida no esquecimento, mas rebrotada e realimentada porque contada. Desses coletivos nos programas de formação se podem aprender outras formas de ver e entender a realidade. Não chegam aos cursos para aprenderem apenas as formas acadêmicas, pedagógicas de ensino-aprendizagem, de pesquisa e de extensão. Vêm trazendo suas formas. Outros registros da realidade latino-americana, de longa tradição no continente e que os movimentos sociais atualizam como pedagogias formadoras. Cada grupo, em cada curso, traz pedagogias que são comuns nos encontros coletivos: místicas, músicas, rituais, que agem como oficinas de memória, de reinvenção da realidade. Essas pedagogias se espalham e se reforçam em redes entre seus povos.

Essas formas de se educar-formar como educadores os levam a acreditar que as narrativas estão entre as melhores formas de pôr de manifesto os problemas sociais. Tão brutais que falam por si mesmos. Acreditam na força convincente do testemunhar o vivido. O padecido. A tendência da academia é ver essas formas pedagógicas como exóticas. Tão exóticas quantos os coletivos diversos. Entretanto, esses as levam para os cursos esperando que sejam reconhecidas e incorporadas na sua formação. A tendência tem sido deixá-las à margem, porém, se incorporados nas suas virtualidades pedagógicas como expressões de sua visão da realidade, os cursos adquirem outra cor e outra dinâmica: a cor dos diversos, de suas histórias inspiradoras de outros currículos e de outras dinâmicas de ensino-aprendizagem e de formação de docentes-educadores.

Os relatos dos cursos mostram sérias tentativas de incorporar os saberes dos coletivos sobre si mesmos e de incorporar seus saberes sobre a realidade. Também mostram a dificuldade de reconhecer esses saberes como legítimos. A tendência é vê-los como saberes prévios, brutos, pré-científicos, como senso comum. Até aí já tinha chegado o dito populismo pedagógico. Não é essa visão de saberes prévios, brutos, pré-científicos que os coletivos levam ao sistema escolar e à universidade. Com esse olhar populista, piedoso, superficial, não se consegue estruturar cursos de diversidade e formação. Todas as formas preconceituosas, classificatórias, acumuladas sobre os coletivos diversos, são transpostas a seus saberes sobre si mesmos e sobre a diversidade. Sobre suas narrativas de resistência e sobre suas formas de consciência e de leitura do real. Por que essa dificuldade? Voltamos ao núcleo estruturante do sistema escolar: a crença em um padrão único, de conhecimento, de racionalidade. Padrão hierárquico, classificatório da diversidade, de saberes e racionalidades. Padrão que não consegue liberar-se das supostas hierarquias sociais, raciais, étnicas, de gênero, territoriais, geracionais. São e têm sido os saberes e narrativas desses coletivos os que são classificados como prévios, brutos, pré-científicos, do senso comum, a partir desse padrão segregador.

Os programas de formação e diversidade pouco avançarão se continuarem estruturados nesse padrão classificatório de conhecimento e de racionalidade. Chegarão até onde certos programas tímidos de educação popular chegaram: ouvir e reconhecer os saberes prévios do senso comum que o povo acumula nas vivências do cotidiano. Partir desses saberes para levar o povo ao saber único, à racionalidade única, à consciência crítica.

Não é essa a visão de si mesmos, da diversidade com que os coletivos chegam ao sistema escolar e especificamente à universidade. Na medida em que têm consciência de chegarem com um acúmulo de conhecimentos sobre si, sobre suas histórias na história, sobre suas formas de ver-se e de entender a realidade, desconstroem a lógica classificatória e segregadora do padrão único de conhecimento e de racionalidade. Buscam um diálogo de saberes, de entendimento do real, de formas de pensá-lo e de pensar-se.

Seria possível estruturar cursos de formação e diversidade à procura de um diálogo fecundo de saberes e de compreensões do real? Especificamente seria possível estruturar um curso de formação e diversidade partindo de um diálogo sobre diversidade e sobre formação?

Assim equacionados, os cursos não seriam apenas de formação de docentes para a diversidade, mas se constituiriam em oficinas nas quais se redefinem concepções de formação, de docência, de conhecimento, de racionalidade, de ensino-aprendizagem a partir da reinvenção da realidade que os coletivos diversos trazem e narram em suas histórias. Quando esse diálogo acontece, outra formação acontece. Todavia essa inversão dialógica entre concepções e a reinvenção da história que os coletivos diversos narram sempre será um diálogo tenso. Produz assombro.

Este poderia ser um efeito do diálogo: educar nos docentes-educadores a capacidade de assombrar-se diante da brutal realidade nossa de cada dia nos campos, nas florestas, nas periferias urbanas que os coletivos diversos vivenciam. Em suas narrativas, trazem outras interpretações indignadas do discurso reiterativo oficial sobre invasões de terras indígenas, da exploração imobiliária, da destruição da agricultura familiar, das violências contra suas organizações. Esse discurso reiterativo vai nos levando a perder a capacidade de assombro como uma patologia. Os coletivos diversos que chegam aos cursos, ao encontrarem espaços para narrarem suas histórias, podem levar a pedagogia e a docência a recuperar a capacidade pedagógica de assombro e indignação. Cultivar essa capacidade pode ser uma das dimensões centrais dos cursos de formação e diversidade. Como militantes, os docentes-educadores levam aos cursos essa capacidade de assombro e indignação. Como trabalhá-las? E como descobrir suas possibilidades de novos entendimentos do real e de novas virtualidades formadoras de docentes-educadores?

Dialogando nessa direção, outras temáticas haverão de se tornar centrais, e as repetidas temáticas perderão centralidade. Por exemplo, as monótonas e repetitivas políticas para os diversos-desiguais se alimentam do monótono e repetitivo discurso sobre formar competentes docentes para eliminar a repetência, a defasagem, o fracasso, a baixa qualidade e o desempenho comprovado em provinhas e provões oficiais. Esse monótono e repetitivo discurso sobre educação, escola e a diversidade-desigualdade perdeu a capacidade de assombro político e pedagógico. As políticas de formação atreladas a esse discurso perderam apelo. Até para a docência.

O que se poderia esperar dos programas analisados nos diversos textos é que se abram a outras narrativas que tragam assombro e indignação. Que abram espaço para outras crônicas que contestem os discursos oficiais, que mostrem que a história do trato dos coletivos diversos tão desiguais é muito mais perversa do que as repetitivas estatísticas escolares mostram e/ou ocultam.

Abrir os cursos a uma escrita, a um diálogo com as narrativas daqueles que vivenciam e padecem as desigualdades porque diversos terminará cultivando a capacidade de assombro, porque revelam o ocultado, denunciam o indizível e mostram o que não se quer ver. Narrativas que descrevam a história daqueles que aparentemente não a têm, porque classificados como ignorantes, sem saberes, irracionais e fracassados escolares. Os cursos tentam dar voz àqueles que, por serem diversos, lhes foi negado o direito a ter voz, a se fazer ouvir.

Quanto mais os programas de formação e diversidade avançarem nessas direções, o diálogo entre saberes e concepções se tornará mais fecundo. A relação será mais fluida entre concepções, racionalidades, compreensões de mundo e de ser humano que se necessitam mutuamente. Concepções que o docente-educador necessita em sua formação como diverso e para o trato da diversidade. O diálogo poderá converter-se em uma ponte para uma realidade tão próxima e tão ignorada, tão preconceituosamente enxergada e que esconde surpresas e carrega um potencial evocador e formador.

Se os coletivos que chegam à universidade têm o direito de ouvir e aprender as concepções, conhecimentos, significados da realidade acumulados no ensino, na pesquisa, na reflexão teórica organizada, a universidade, por sua parte, tem o direito e o dever de ouvir, aprender as concepções, vivências, culturas, valores, conhecimentos, formas de entender-se e entender o real e a rica vivência da diversidade vindos desses coletivos. Sobretudo, de sua história de segregação e silenciamento, que também é espaço de produção de conhecimento e de valores. Reconheçamos que esse diálogo necessário e possível ainda está distante. Por isso, o esforço dos cursos de formação e diversidade que caminham nessa direção merece todo o apoio.

A Faculdade de Educação da UFMG, onde acontecem os programas narrados neste livro, tem uma tradição de acolhida, reflexão teórica e diálogo com a diversidade de movimentos sociais e de ações coletivas. A presença de uma variedade de programas em um número cada vez maior de Faculdades de Educação e de Universidades, a criação da Secretaria de Educação Continuada, Alfabetização e Diversidade (SECAD/MEC) e de coordenações da diversidade em muitas Secretarias Estaduais e Municipais, o rico debate teórico e de pesquisa nos grupos de trabalho da Associação Nacional de Pós-Graduação e Pesquisa em Educação (ANPEd) sobre juventude, movimentos sociais, diversidade étnico-racial, educação indígena, educação popular, educação de jovens e adultos e educação do campo mostram que o diálogo entre educação e diversidade está posto em novas bases. Um diálogo que vem adquirindo maior radicalidade ao ter como um dos interlocutores os coletivos diversos organizados em movimentos. Os textos desta publicação são um dos produtos de um coletivo de pesquisadores que têm como preocupação a relação entre a educação e a cultura, a diversidade e os movimentos sociais.

A DIVERSIDADE REPOLITIZA A FORMAÇÃO

Os relatos revelam análises politizadas dos programas porque não há como ocultar que vincular formação e diversidade é outra forma de politizar a formação. Os cursos se aproximam de dimensões delicadas e ousadas, pouco destacadas, inclusive, nas últimas décadas em que a formação pedagógica e docente foram tão politizadas. A radicalidade política não chega tanto do pensamento crítico, mas dos próprios coletivos diversos e desiguais carregando as novas e velhas tensões políticas de nossa formação social. Não se trata apenas de incluir pensamento crítico nos currículos e nas disciplinas, mas de reconhecer a presença e as indagações que vêm de militantes e lideranças de movimentos sociais, dos povos diversos segregados em nossa história social, política, econômica e pedagógica. Esses, com sua diversidade-desigualdade expostas, abrem a pedagogia e a licenciatura a novas inquietações políticas.

Esses cursos mostram que na Pedagogia e na licenciatura não só podem ter lugar pensamentos críticos, mas podem entrar coletivos, sujeitos históricos carregados de narrativas e histórias denunciantes, contestadoras e interventoras em campos tão expressivos como teto, terra, território, memória e identidade. Vida, comida, dignidade. Abrir as instituições educativas e de formação a cursos como os analisados aqui é apostar na função política da educação em novas bases. A Faculdade de Educação da UFMG, desde a década de 1970, apostou na radicalidade política de abrir-se aos movimentos sociais, e não apenas a pensamentos críticos. As histórias e resistências dos coletivos diversos carregam novas radicalidades para o pensamento educacional, sobretudo quando vivenciadas e narradas pelos próprios sujeitos coletivos em movimentos tão politizados.

Não será ousado pensar que esses cursos representam novos tempos, novas vozes e novos gestos de compromisso político no campo da Pedagogia e especificamente da formação docente. Um dado esperançador em tempos de crise da docência, de mal-estar docente. Sobretudo em tempos de reacionária marcha atrás de despolitizado conservadorismo gestor, de políticas neoliberais, de rearticulação entre educação/docência/currículos e mercado, de formação para o domínio de competências e qualidade medida por desempenhos, de avaliações e qualificações classificatórias. Os programas aqui narrados nos defrontam com uma questão ou opção política: que protótipo de docente-educador formar? Aquele que aponta o ideário neoconservador ou aquele que é repolitizado pelos militantes-educadores nos movimentos sociais?

Os cursos optam por reconhecer que hoje a reação mais consistente ao neoconservadorismo social, político, cultural e pedagógico vem dos movimentos sociais atuantes em toda a América Latina. O momento político revela que se tornou difícil ser insensível às trajetórias dos coletivos populares segregados e silenciados. Tragédias que estão nos campos, nos territórios, nas periferias e também no sistema escolar público. A escola básica popular e seus profissionais já se tornaram sensíveis a essas tragédias com a entrada dos filhos e filhas dos segregados. A universidade e, especificamente, seus cursos de formação docente são pressionados a se defrontarem com essas tragédias com a chegada dos coletivos diversos. Qualquer resistência a seu acesso e permanência é um gesto político conservador.

A politização dos cursos de formação vinha de um pensar crítico, por vezes próximo, por vezes distante sobre essas tragédias. Porém, na medida em que a pobreza, o desemprego, a expropriação da terra, dos territórios, do lugar e do teto, se tornaram mais trágicas, os coletivos que as padecem se organizaram. Ao chegarem às instituições públicas, o pensar e o fazer pedagógicos e as universidades são forçados a se repolitizar. Uma repolitização que se dá em outras áreas, na literatura, nos documentários, no cinema, nas crônicas latino-americanas. Quando a realidade está se radicalizando, as diversas áreas sociais, as letras e as artes são pressionadas a se repolitizar. Inclusive o pensar pedagógico.

Neste contexto, os cursos de formação e diversidade nascem politizados e podem representar uma fronteira de repolitização da Pedagogia e da docência. Sobretudo na medida em que esses estudantes-militantes carregam uma formação, aprendizados e saberes aprendidos em processos sociais extremamente politizados. Processos formadores que instigam a teoria pedagógica e a pesquisa a se deixarem instigar por novas concepções e indagações. Por novas problemáticas, que exigem novos currículos de formação.

Os relatos dos cursos podem se lidos, buscando elementos para esta pergunta: que dimensões repolitizam para a formação, para a Pedagogia, para a teoria pedagógica e a pesquisa?

Um ponto que já destacamos é dar a devida centralidade aos sujeitos coletivos em sua diversidade. Por vezes, a preocupação com as questões gestoras dos cursos, as normas, os currículos e o escolar ocultam e secundarizam os sujeitos coletivos, ocultando e secundarizando o radicalismo político-pedagógico que suas histórias carregam. Em outros termos, dar maior centralidade política aos olhares, às representações sobre os coletivos em sua diversidade. Desvendar os processos políticos constituintes dessas perversas representações e de sua função na reprodução da diversidade em desigualdades. Sobretudo, auscultar a radicalidade que vem dos olhares de si mesmos, das interpretações da história que eles trazem, dos projetos de sociedade e de ser humano, porque travam embates políticos.

Dar maior centralidade às suas vozes, às suas múltiplas linguagens e politizar os cruéis processos de silenciamento a que foram submetidos. Mas também aos processos de se fazer ouvir, de tornar-se visíveis e críveis.

Politizar a docência repolitizando o direito ao conhecimento e a herança cultural, científica, tecnológica, artística... Na vinculação entre docência, cidadania, participação, conhecimento, a formação docente e a pedagógica encontravam novos significantes políticos. Os movimentos sociais em que os coletivos diversos se organizam vão além e vinculam o conhecimento, o direito, a cultura e a educação com os direitos humanos mais básicos pelos quais lutam: a vida, a terra, o território, a memória, as identidades, o trabalho. O conhecimento, a ciência e a tecnologia, articulados à garantia de direitos humanos tão básicos e tão negados. Novas inspirações políticas para a educação, a docência e sua formação. Para a pesquisa e para a reflexão teórica.

Freqüentemente, a ênfase nas dimensões políticas do direito ao conhecimento para a cidadania e a participação consciente e crítica tem secundarizado o peso dos valores, da moralidade na formação humana e nos embates políticos e sociais. Os movimentos sociais destacam as lutas morais ou os valores que inspiram suas lutas por vida, terra, trabalho, dignidade. Em suas resistências contrapõem-se à velha moralidade e aos velhos padrões morais atribuídos à propriedade, ao latifúndio, à segregação e aos preconceitos, levam a crítica à velha moralidade incrustada nas relações sociais, de gênero, de raças, na apropriação da terra, do trabalho, dos bens sociais, das instituições públicas, da saúde, da educação, do conhecimento e da interpretação da história. Por aí apontam para o pensamento educacional, para os currículos e os projetos de formação a urgência de assumir a centralidade política dos valores na formação humana. Outra moralidade.

O alerta mais destacado pelos movimentos dos coletivos diversos é o de colocar com o devido destaque nos cursos de formação, na pesquisa e na reflexão teórica os brutais processos históricos de produção da diversidade e das diferenças em desigualdades. De um lado, desconstruindo persistentes justificativas dessa produção histórica que culpam e vitimam os próprios coletivos diversos: sua ignorância, seu atraso, sua incultura, seu primitivismo, sua irracionalidade e sua imoralidade. Aprofundar como a produção e a persistência dessas representações segregadoras fazem parte da produção política das desigualdades. De outro lado, captar como os próprios coletivos em sua diversidade de reações e afirmações políticas desconstroem esses processos de segregação e inferiorização. Captar por onde passam. Dar maior centralidade ao entendimento e ao posicionamento diante dos processos de produção histórica e de desconstrução na pesquisa, na reflexão teórica, nos currículos de formação. Aí há um espaço fecundo de sua repolitização.

Estamos diante de processos de formação, humanização e desumanização, da infância e da adolescência, da juventude e da vida adulta popular que chega às escolas, às universidades e aos cursos de formação aqui narrados. Quais processos formadores e deformadores acontecem no padecer e vivenciar a segregação, o desemprego, a expropriação da terra e do território, no sofrer o peso constante do preconceito e da inferiorização? Que experiências de humanização-desumanização são vivenciadas? A Pedagogia e as Ciências da Educação são as áreas do conhecimento, da pesquisa, da reflexão e da intervenção que deveriam, prioritariamente, defrontar-se com essas indagações colocadas pelos coletivos diversos.

Entretanto, os estudantes-militantes que estão nos cursos de formação trazem, para a nossa reflexão, pesquisa e intervenção, novos e velhos processos de resistência, de lutas transformadoras em que reafirmam, ensinam e aprendem identidades, memórias, culturas e saberes. Que dimensões formadoras e humanizadoras acontecem nesses processos? O que aprender com as pedagogias dos movimentos sociais que chegam, ainda que tardias, aos cursos de formação docente?

Essas indagações repolitizadas poderão orientar a leitura das narrativas desta coletânea sobre as experiências de cursos de diversidade e formação.

CAPÍTULO 1
Os professores indígenas chegam à universidade: desafios para a construção de uma educação intercultural[1]

Lúcia Helena Alvarez Leite

> *Eu penso em estudar mais, me especializar na área de educação e em outras áreas, até porque são muitas as necessidades de ter pessoas formadas dentro do nosso povo. Que eu saiba dentro da minha etnia não existe nem um índio que tenha curso superior, isso porque até o presente momento não tivemos o mínimo de chance de chegar a uma universidade. Sei que o processo seletivo para chegar lá é muito complicado, não só para a sociedade indígena, mas também outras sociedades de classe baixa, que numa grande maioria não teve sequer a chance de ser alfabetizada. Infelizmente, é esse drama que vivemos, será que a sociedade média/alta, os governantes não refletem sobre a situação. Vivemos num país, que infelizmente, quase na sua totalidade os indivíduos não tem chance alguma de estudar, enquanto uma parcela minúscula da sociedade é privilegiada. Acho que está passando da hora das universidades pensarem na situação e achar um caminho para a resolução destes problemas. Afinal de contas somos uma sociedade, somos humanos, que precisamos da educação, da vida, da saúde, da comida, do respeito, da dignidade.*
> (Memorial de entrada de um estudante indígena)

Este texto analisa o processo de Implantação do Curso: Formação Intercultural para Educadores Indígenas, na Universidade Federal de Minas Gerais, buscando observar os impactos na UFMG, tanto em relação aos sujeitos envolvidos como em relação aos processos de gestão. O curso foi fruto da luta do Movimento Indígena de Minas

---

[1] Este texto é uma adaptação do relatório de pesquisa – A Educação Intercultural no Brasil (2007) – produzido pela autora e faz parte da investigação da FLAPE sobre a Educação Intercultural Bilíngüe na América Latina.

Gerais, que se organizou e lutou por seu direito a uma educação específica e diferenciada, entendendo que essa educação deveria ser pública e assumida pelo Estado brasileiro.

A HISTÓRIA DA EDUCAÇÃO ESCOLAR INDÍGENA NO BRASIL E O DESAFIO DA INTERCULTURALIDADE

Nos últimos trinta anos, a educação escolar indígena no Brasil tem passado por grandes transformações. Até o final da década de oitenta, a educação escolar para os povos indígenas era orientada por uma perspectiva integracionista. O objetivo da escolarização era claro: tratava-se de negar a diversidade dos índios e de suas culturas para integrá-los à sociedade envolvente, firmando as bases para a formação de um Estado Nacional.

Ferreira (2001, p. 72), em seus estudos sobre os processos de escolarização indígena no País, revela que durante o período colonial "o objetivo das práticas educativas [...] era negar a diversidade dos índios, ou seja, aniquilar culturas e incorporar a mão-de-obra indígena à sociedade nacional". A autora, ao fazer um diagnóstico crítico da educação escolar indígena no Brasil, vai evidenciar três fases.

A primeira fase, durante o Brasil Colônia, caracterizou-se pela catequese e educação a serviço do aniquilamento cultural. Nesta fase, marcada pela forte presença da Igreja, a educação escolar serviu, entre outras coisas, para instalar relações de submissão e dominação, para impor o ensino obrigatório em português em detrimento das línguas nativas, para introduzir a história e os valores da sociedade dominante como meio de promover a assimilação.

Ainda, conforme Ferreira (2001), a segunda fase foi marcada pela integração dos índios à comunhão nacional, por meio da ação do Serviço de Proteção ao Índio (SPI), FUNAI (Fundação Nacional do Índio), Summer Institute of Linguistics (SIL) e outras missões religiosas. Muitas críticas vão recair sobre os programas educacionais oferecidos às populações indígenas por essas instituições, pois não difeririam estruturalmente, nem no funcionamento, nem nos seus pressupostos ideológicos da educação missionária, e, portanto, produziam fracassos do mesmo tipo.

A autora vai destacar ainda uma terceira fase de projetos alternativos de educação escolar, iniciada durante o período militar, nos anos setenta. É nesse período que vão surgir no cenário político nacional organizações não-governamentais voltadas para a defesa da causa indígena.[2] É também nessa época que setores progressistas da Igreja Católica vão criar duas organizações, a Operação Anchieta (OPAN), em 1969, e o CIMI, em 1972, cujas atribuições eram a de prestar serviços na área de educação escolar para índios.

A quarta fase, segundo Ferreira (2001), é marcada pelas experiências de autoria[3] e pela organização do movimento indígena. Nesse período, em diferentes regiões do País, realizaram-se assembléias, encontros ou reuniões que culminaram com a criação das organizações indígenas atuais:[4]

> Lideranças e representantes de sociedades indígenas de todo o Brasil passaram a se articular, procurando soluções coletivas para problemas comuns – basicamente a defesa de territórios, o respeito à diversidade lingüística e cultural, o direito à assistência médica adequada e a processos educacionais específicos e diferenciados.

Essas reivindicações serão acolhidas pela Constituição de 1988, provocando eventos significativos no plano institucional, ressaltados por Silva:

> A incorporação da educação indígena ao sistema nacional de educação pela transferência das responsabilidades específicas, neste campo, da FUNAI para o Ministério da Educação (MEC), em 1991; a criação de um Comitê de educação Indígena no MEC, constituído por representantes de povos indígenas e de organizações e instituições da sociedade civil e universidades em 1993; a publicação pelo Ministério, das Diretrizes para a Política Nacional de Educação Indígena, também em 1993; o advento da nova Lei de Diretrizes e Bases da Educação (LDB)

---

[2] Entre essas organizações destacam-se: Comissão Pró-Índio de São Paulo (CPI/SP), o Centro Ecumênico de Documentação e Informação (CEDI), a Associação Nacional de Apoio ao Índio (ANAÍ) e o Centro de Trabalho Indigenista (CTI).

[3] Ver revista Em Aberto, nº 76, volume 20, artigo Registros e Práticas de Formação, de Nietta Lindenberg Monte, p. 19. INEP/ Ministério da Educação, fevereiro de 2003.

[4] Foram criadas a União das Nações Indígenas e suas regionais, o Conselho Geral da Tribo Ticuna, a Federação das Organizações Indígenas do Rio Negro, o Conselho Indígena de Roraima, o Conselho Geral da Tribo Sateré-Mawé, a Organização do Conselho Indígena Munduruku, entre outras.

em 1996, com artigos específicos sobre a educação escolar indígena; a elaboração e publicação do Referencial Curricular Nacional para as Escolas Indígenas por iniciativa do MEC, em 1998. (2000, p. 10)

Nesse contexto, várias experiências de implantação de escolas indígenas diferenciadas e com projetos de formação de professores índios para atuarem nas escolas de suas aldeias vão ser impulsionadas. Oriundas de projetos alternativos, gerados no âmbito da sociedade civil, essas propostas vão ser estudadas e difundidas como paradigmas a serem testados em novos contextos, transformando-se muitas vezes em balizadoras de políticas públicas.

Um aspecto original nesse processo é a emergência de uma nova proposta intercultural bilíngüe, diferenciada, que busca romper com o paradigma da educação bilíngüe bicultural que orientou a atuação integracionista de vários órgãos e instituições indigenistas ao longo da história do País.

Entre as mais efetivas, destacam-se as políticas de formação de professores indígenas, tanto em nível de Magistério Indígena como em nível superior, com os cursos de Licenciatura Indígena.

A construção de escolas indígenas diferenciadas, bilíngües, adequadas às especificidades culturais dos diferentes grupos, atendidas através de professores índios, tem se constituído como um grande desafio e vem exigindo das instituições e órgãos responsáveis a definição de novas dinâmicas, concepções e mecanismos, tanto para que essas escolas sejam de fato incorporadas e beneficiadas por sua inclusão no sistema oficial quanto para que sejam respeitadas em suas particularidades. De acordo com Grupioni (2003, p. 13),

> esses novos profissionais indígenas demandam, junto com suas comunidades, uma formação específica, que lhes permita concluir a escolarização básica e obter uma formação em magistério, de modo que possam exercer uma educação qualificada em benefício das crianças indígenas.

Mas o que significa, neste contexto da educação intercultural, construir políticas públicas de formação, de modo que esses profissionais possam exercer uma educação qualificada em benefício das crianças indígenas?

Uma das primeiras ações foi a criação, em várias regiões do Brasil, de Cursos de Formação de Professores Indígenas em nível de Magistério – tendo por princípio básico a construção de uma educação intercultural.

Atualmente, dos quase seis mil professores indígenas atuando nas escolas indígenas no País, 60% estão cursando ou já concluíram cursos de formação em Magistério Indígena,[5] em nível médio, que passaram a proliferar por todo o Brasil, principalmente nos últimos vinte anos, organizados pela sociedade civil ou pelo Estado.

Apesar de bastante diversos, em geral, os cursos são organizados em quatro anos, através de etapas intensivas de ensino presencial, desenvolvidas, normalmente, durante os meses de férias e etapas intermediárias, em que, nos intervalos entre as etapas intensivas, os estudantes realizam estudos complementares, pesquisas, trabalhos de observação e registro de sua prática em sala de aula, produção de material didático, atividades. Assim, os professores indígenas podem estudar e continuar dando classes em suas escolas, utilizando o espaço de sala de aula para atividades de pesquisa e de reflexão sobre sua prática pedagógica.

Os currículos, pensados na perspectiva da interculturalidade, apresentam disciplinas relacionadas aos conhecimentos do mundo não-indígena e também disciplinas e projetos de pesquisa relacionados aos "conhecimentos tradicionais", que posteriormente são organizados como livros e outros tipos de material didático.

Um dos aspectos mais significativos desses projetos de formação é garantir a autoria indígena. Os programas curriculares, os projetos pedagógicos as diferentes formas de organização escolar (em que os tempos e espaços correspondem à lógica da aldeia e não à da cidade), o material didático (livros, cartilhas, jogos, vídeos, discos, CD-ROMs, feitos pelos próprios professores) e outros instrumentos pedagógicos (constantes reuniões com as respectivas comunidades; professores de língua e cultura indígenas contratados para atuar na escola), revelam

---

[5] São alguns exemplos de experiências de Magistério Intercultural: o Magistério Intercultural da Comissão Pró-Índio do Acre (CPI-AC), o Projeto Tucum do Governo do Mato Grosso, o Projeto de Formação de Professores Indígenas para o Magistério nos Postos Indígenas Diauarum e Pavuru/ Parque Indígena do Xingu, o Projeto PIEI da Secretaria de Estado de Minas Gerais, entre outros.

uma prática que, na realidade, aponta um caminho para uma forma mais democrática de acolher a diversidade no espaço público.

É importante ressaltar que praticamente todos os projetos de Magistério Indígena no Brasil foram construídos numa parceria entre Estado e sociedade civil, criando um rico espaço público de debates e negociações na construção de políticas públicas de formação intercultural.

Com o fortalecimento e a ampliação das escolas indígenas de educação básica, surge, a partir dos últimos anos, a demanda por uma formação em nível superior, qualificando os professores para lecionar nos últimos anos do Ensino Fundamental e no Ensino Médio em suas escolas de origem.

Fruto dessa luta, começam a surgir os cursos de Licenciatura Indígena, sendo a Universidade Estadual do Mato Grosso (UNEMAT) e a Universidade Federal de Roraima (UFRR) as primeiras universidades brasileiras a criar esses cursos.

Em 2005, é lançado, pelo Ministério da Educação, o edital PROLIND – Programa de Apoio às Licenciaturas Indígenas, que, com um financiamento próprio, cria a possibilidade de universidades públicas viabilizarem cursos específicos de licenciatura indígena.

No primeiro edital, foram aprovados quatro projetos, entre eles, o da Universidade Federal de Minas Gerais (UFMG). Hoje, além das quatro citadas, já existem outras seis universidades, públicas e privadas, que estão oferecendo cursos de Licenciatura Indígena.

Seguindo as propostas curriculares dos cursos de Magistério Indígena, essas licenciaturas seguem a mesma estrutura e proposta curricular dos cursos de Magistério, organizados através das etapas intensivas, geralmente ministradas nas universidades, e das etapas intermediárias, com atividades de pesquisa, projetos e produção de material didático, desenvolvidos no espaço das aldeias.

Tais cursos de formação têm se configurado como espaços privilegiados de desenvolvimento de uma educação intercultural, com a formação de um quadro de intelectuais indígenas capazes de pensar e estar à frente da educação de seu povo. Têm também trazido novos desafios para se pensar a educação intercultural no âmbito das universidades brasileiras.

O CURSO DE FORMAÇÃO INTERCULTURAL PARA EDUCADORES INDÍGENAS NA UFMG: O DESAFIO DA INTERCULTURALIDADE[6]

> Minhas expectativas para o curso superior são muito grandes, pois foi uma grande luta das comunidades indígenas. Fazer o curso superior é um sonho de todo mundo, e o meu não é diferente. Espero que com o curso superior eu possa crescer profissionalmente e levar o nome da Educação Indígena aos melhores lugares. E sempre dizer que a escola indígena é diferenciada e de qualidade.

Em 1995, lideranças indígenas pataxó, krenak, maxakali e xacriabá passaram a se reunir com professores da UFMG, agentes da FUNAI, antropólogos e funcionários da Secretaria de Estado da Educação de Minas Gerais, para que, nesse Estado, fossem garantidos os direitos constitucionais à educação escolar específica. A partir de então, a Secretaria da Educação, em parceria com os povos indígenas do Estado e em convênio com a UFMG, o IEF (Instituto Estadual de Florestas) e a Administração Regional de Governador Valadares da FUNAI, vem desenvolvendo o Programa de Implantação de Escolas Indígenas de Minas Gerais, que se baseia na autonomia didática e no respeito à identidade cultural, promovendo uma ação continuada de pesquisa, estudo e produção.

Os professores indígenas de Minas foram formados através do Curso de Formação de Professores Indígenas em nível de Magistério – que teve por princípio básico a construção teórica e conceitual conjunta, a partir da experimentação e da pesquisa, sempre com um sentido de processo em direção à criação coletiva. Desse processo participaram os professores indígenas e suas respectivas comunidades, professores e estudantes da UFMG, professores da rede pública e privada de ensino de Belo Horizonte.

Ao longo dos quatro anos de duração do curso de magistério indígena, uma metodologia, baseada na pesquisa e na experiência, a cada momento era repensada e reestruturada com base em informações

---

[6] Esta parte do texto está escrita com trechos do texto do projeto do curso aprovado pelo Conselho Universitário da UFMG.

da prática didática dos cursistas, já contratados pelo Estado e em exercício do magistério, mesmo antes de se formarem. Suas formas de ensinar, suas conversas com as lideranças e com os velhos da aldeia, seus contatos interculturais (com os formadores, na maioria docentes da UFMG; com técnicos de órgãos públicos; com os colegas de outras etnias; com editores e jornalistas, etc.) são algumas das práticas novas que a criação da escola indígena transformou em espaço de conhecimento sobre a interculturalidade.

Formou-se, em dezembro de 1999, a primeira turma do magistério, constituída de 66 (sessenta e seis) professores indígenas maxakali, pataxó, krenak e xacriabá. Em novembro de 2004, uma nova turma de 70 (setenta) se formou, aumentando, assim, para 136 o número de professores indígenas no Estado de Minas Gerais.

Os professores indígenas assim formados foram os que trouxeram à tona, em Minas Gerais, a discussão sobre a abertura das universidades para suas comunidades. As escolas se ampliaram, ampliaram seus níveis de ensino e houve significativo aumento de alunos.

A partir de reuniões realizadas no 1º Curso de Magistério do PIEIMG, em 1999, iniciou-se um longo processo de negociação com a universidade, que culminou, em 2005, com a aprovação do curso pelo Conselho Universitário da UFMG.

Em maio de 2006, depois de um processo de seleção diferenciado, foi iniciada a 1ª etapa intensiva do FIEI, com a presença 142 estudantes indígenas, todos professores das escolas indígenas de Minas Gerais, representando oito povos indígenas – xacriabá, maxakali, pataxó, krenak, caxixó, xukuru-kariri, aranã e pankararu.

Nesse sentido, a criação do FIEI foi um importante passo a ser dado para consolidar as relações de parceria que a UFMG vinha construindo junto ao Movimento Indígena de Minas Gerais, no sentido de garantir o direito da população indígena à educação, inclusive à universidade pública e gratuita.

A proposta do curso foi construída de forma coletiva, partindo da experiência de quase dez anos do curso de formação de professores indígenas em nível de magistério, do qual vários professores da UFMG participaram ativamente. Também se baseou em experiências já em curso no Brasil como o caso do curso "3º Grau Indígena", da Universidade do Mato Grosso (UNEMAT) e o curso "Licenciatura Intercultural" da Universidade Federal de Roraima (UFRR).

Após sua elaboração, foi amplamente discutida e aprovada no III Fórum de Formadores de Professores Indígenas realizado no dia 26 de outubro de 2004, na Faculdade de Educação da UFMG, que contou com a presença dos representantes do Movimento Indígena de Minas Gerais, da equipe de formadores do Programa de Implantação das Escolas Indígenas de Minas Gerais (PIEI/MG), de representantes da Secretaria Estadual de Educação de Minas Gerais, da FUNAI e do MEC, através da Secretaria de Educação Continuada, Alfabetização e Diversidade (SECAD).

O curso tem como objetivo formar e habilitar professores indígenas, com enfoque intercultural, para lecionar nas escolas de Ensino Fundamental e de Ensino Médio, com áreas de concentração em línguas, artes e literaturas; ciências da natureza e matemática; ciências sociais e humanidades.

Está dirigido a professores indígenas, que estão no exercício do magistério nas escolas indígenas de suas aldeias e que ainda não tiveram a oportunidade de se qualificar para a profissão que exercem por meio de um curso superior.

Pretende formar educadores reflexivos, comprometidos com sua comunidade indígena, que possam intervir em sua realidade de modo a transformá-la, tendo como eixo a reflexão sobre a prática vivida, utilizando, para isso, os instrumentos culturais construídos no curso, por intermédio de um processo de pesquisa-ação.

Está organizado em tempos/espaços diferenciados, dando ênfase e valorizando a experiência socioprofissional dos educandos, com tempos de formação na UFMG e tempos no próprio espaço de atuação e vivência dos estudantes. A etapa de formação na universidade vamos denominar de "Etapa Intensiva", e ao período de formação que continua no meio socioprofissional vamos chamar de "Etapa Intermediária" Tem a duração de cinco anos constituído de 10 Etapas Intensivas e 9 Etapas Intermediárias.

Vai conferir uma dupla habilitação aos egressos:
- a habilitação de professor do Ensino Fundamental.

- a habilitação de professor de Ensino Médio, em uma das seguintes áreas de concentração:
    - Línguas, Artes e Literaturas;
    - Matemática e Ciências da Natureza;
    - Ciências Sociais e Humanidades.

O curso tem uma coordenação-geral colegiada, composta de um professor, escolhido entre o corpo docente, e dois representantes do Movimento Indígena, escolhidos entre os povos indígenas de Minas Gerais.

O Colegiado é composto da Coordenação-Geral, por representante dos professores, do corpo de apoio pedagógico e administrativo e dos estudantes, numa representação paritária entre representantes indígenas e não-indígenas. Reunindo-se quase que mensalmente, esse colegiado traça o rumo do curso, orientando as escolhas pedagógicas dos professores.

Trabalham no curso docentes da Faculdade de Educação, de outras unidades da Universidade Federal de Minas Gerais, além de profissionais com reconhecida experiência em educação indígena. Para atender a necessidades específicas de conteúdos, poderão ser convidados docentes de outras instituições e dos movimentos sociais.

O currículo do curso está organizado por eixos temáticos que estruturam a abordagem dos conteúdos curriculares de natureza científico-cultural, assim como situam as diferentes atividades acadêmicas: a Prática de Ensino, os Estágios Supervisionados, os Projetos de Pesquisa e de Produção de Material Didático, os Laboratórios Interculturais, assim organizados:

- os eixos temáticos são organizados tendo como referência os projetos sociais mais demandados pelos movimentos indígenas. Assim, o eixo curricular do curso se centra na temática de ser educador indígena, desenvolvida através de três eixos temáticos: a realidade socioambiental, a escola indígena e seus sujeitos, as múltiplas linguagens.

- os projetos sociais compõem os percursos acadêmicos dos estudantes, definidos com base nas principais demandas das comunidades indígenas, que hoje, são as seguintes: direitos indígenas, arte indígena, línguas e literatura indígena, saúde indígena, desenvolvimento sustentável e uso do território.

- os conteúdos curriculares de natureza científico-cultural são organizados através das seguintes áreas de conhecimento:
  - Línguas, Literatura e Artes
  - Ciências da Natureza e Matemática
  - Ciências Sociais e Humanidades
- as práticas de ensino têm como eixo a reflexão das experiências nas escolas indígenas, além da observação e análise de experiências em outras escolas, visando um confronto e interação entre distintos projetos pedagógicos.
- os estágios supervisionados são realizados preferencialmente nas escolas indígenas, sendo aberta a possibilidade de estagiar em outros projetos educativos afins, para troca de experiência (escolas família agrícola, escolas dos acampamentos e assentamentos, escolas do campo...).
- os projetos de pesquisa e de produção de material didático são realizados ao longo do curso, com temáticas definidas por cada estudante ou grupo de estudantes e com o acompanhamento de um professor tutor.
- os laboratórios interculturais são espaços onde grupos de estudantes indígenas se reúnem com outros estudantes e docentes da UFMG para o desenvolvimento de pesquisas, de intervenção e produção de material sobre temáticas diversas. Desta forma, cada grupo de estudante vai integrar, como estudante, os grupos de pesquisa e extensão da UFMG.
- as oficinas e as atividades culturais são momentos de inserção dos estudantes no espaço da cidade, participando de atividades culturais como ir a teatros, a cinemas e a concertos. Também é momento para entrar em contato com os grupos e organizações da cidade, criando assim espaços de troca e interação entre o Movimento Indígena e os Movimentos Sociais e Culturais da Cidade.

Durante sua formação, cada estudante vai poder optar por percursos acadêmicos diversos, que serão estruturados prevendo uma dupla articulação:

- Com uma área de conhecimento que permite ao estudante indígena se situar quanto à comunidade científica da qual virá a participar (com a possibilidade de participação em eventos como ANPED, ANPOCS, ABA, etc., como parte do percurso formativo e de inserção na comunidade científica). Aqui, as referências são as grandes áreas de conhecimento científico, sua história e sua dinâmica e a possibilidade de o estudante indígena se inserir no contexto contemporâneo de produção do conhecimento científico.

• Com os projetos sociais de sua comunidade, em que as exigências de cada projeto vão configurar o eixo de articulação dos diferentes campos de conhecimento envolvidos na realização deles. Nesse sentido, assim como acontece nos projetos de extensão universitária, serão chamados a trabalhar em conjunto estudantes indígenas inseridos nos diferentes percursos acadêmicos, de forma a atender à demanda de atuação de cada Projeto Social nos quais se encontram envolvidos.

Essa mesma lógica de articulação dos campos de conhecimento e Projetos Sociais orienta a realização de algumas das atividades de Prática de Ensino e Estágio, de modo que também nesses momentos a atuação do estudante indígena é caracterizada pela interação entre a sua atividade como docente e as ações/iniciativas como membro da sua comunidade.

Todos os estudantes estarão habilitados como professores do Ensino Fundamental. Para habilitarem-se como professores do Ensino Médio, deverão, em seu percurso acadêmico, escolher uma das seguintes áreas de formação: Línguas, Artes e Literaturas; Matemática e Ciências da Natureza; Ciências Sociais e Humanidades. As áreas de Educação e Pedagogia Indígena fazem parte de todos os percursos acadêmicos.

A escolha significa maior dedicação, em termos de carga horária, aos conteúdos e às atividades relacionados à área selecionada, sem se configurar, entretanto, no modelo ainda bastante utilizado nos cursos de Licenciatura, em que os primeiros anos são dedicados a disciplinas de um núcleo comum e o último ano à formação específica.

Nesta proposta de currículo flexível, os estudantes vão construindo percursos acadêmicos diferenciados ao longo do curso, de modo a atender às exigências de carga horária para sua formação como professor do Ensino Fundamental e professor do ensino Médio, com uma área de concentração.

Cada etapa intensiva ocorre semestralmente, na UFMG, coincidindo com o período de férias e recessos escolares dos estudantes. Está organizada, aliando, nesse processo, um itinerário comum a todos os estudantes, sem que isso signifique a homogeneização de práticas, e um percurso acadêmico diferenciado, sem que isso também signifique uma especialização compartimentada de sua formação. Assim, nas etapas intensivas, há tanto atividades comuns a todos os estudantes como atividades diversificadas, dependendo do interesse e da necessidade deles.

O grupo de professores se reúne regularmente para avaliar o trabalho e o processo de formação dos alunos. Nessas reuniões, são traçadas propostas de ação para acompanhar estudantes com dificuldades de aprendizagem, não deixando que tal problema chegue até o final do curso. Assim, há uma proposta de acompanhamento diferenciada, com carga horária extracurricular, coordenada pelos tutores, para os estudantes com dificuldades, possibilitando que esse continue acompanhando o desenvolvimento do curso, sem a necessidade de rupturas do processo.

As etapas intermediárias ocorrem nos períodos intermediários entre uma etapa intensiva e outra, permitindo, assim, que os estudantes conciliem suas atividades docentes nas suas escolas de origem com as atividades do curso (projetos de pesquisa e intervenção, estágios, práticas de ensino, etc.).

Elas acontecem nas áreas de origem dos estudantes, nos meses intermediários aos da etapa intensiva (março a junho/ agosto a novembro). Durante as etapas intermediárias, são realizados alguns módulos de aprendizagem, envolvendo disciplinas que ganham mais sentido e significado dentro do cotidiano das aldeias: Cultura Indígena, Língua Indígena, Uso do Território Indígena, etc. A experiência de ensino presencial nas aldeias alimenta e subsidia os módulos das etapas intensivas.

Nas etapas intermediárias, os alunos também desenvolvem atividades de estudo, pesquisa, leitura e escrita, coleta e preparação de material didático, etc. Essas propostas de trabalho são orientadas no sentido de formar o professor-pesquisador, criando a possibilidade de que esse projeto, além de contribuir diretamente para a construção de uma escola que possa responder à demanda imediata de escolarização das populações indígenas, possa também atender à necessidade de se construir, no Brasil, espaços de pesquisa e excelência em questões relacionadas ao universo cultural brasileiro.

Os membros das comunidades indígenas detentores dos chamados conhecimentos tradicionais são convidados a participar dos Laboratórios Interculturais, criando, assim, um envolvimento de todos num diálogo intercultural, caracterizado sobretudo pelas passagens, pelas mediações e pelos processos tradutórios.

Desta forma, valendo-se dos laboratórios Interculturais, os estudantes indígenas podem interagir com os grupos de Pesquisa e Extensão da Universidade, desenvolvendo projetos que vão contribuir para a organização das comunidades e do Movimento Indígena.

Assim, o curso tem avançado no sentido de se pensar uma educação intercultural, na qual os saberes acadêmicos se encontram com os saberes tradicionais dos povos indígenas, tecendo novos conhecimentos, recriados baseando-se nesse diálogo intercultural.

Avanços e desafios na construção de uma educação intercultural

Toda essa experiência revela um processo intenso de negociação entre a lógica presente na UFMG no que diz respeito à formação inicial em um curso de graduação e a inclusão do FIEI entre esses cursos. Alguns avanços podem ser percebidos, entre eles:

- A formação de educadores indígenas selou um compromisso político da UFMG com a educação da população que forma parte de setores excluídos, como é o caso das populações indígenas de Minas Gerais. Esse compromisso levou a UFMG a ter que romper com rotinas burocráticas, com processos instituídos dentro de suas instâncias para acolher esse curso. Neste sentido, a aprovação do curso em um tempo muito rápido em relação ao tempo gasto para o mesmo processo em se tratando de outros cursos; a aprovação de um processo de seleção diferenciado, rompendo com a lógica do vestibular padronizado; a criação de um colegiado especial para coordenar o curso, entre outros aspectos, revelam que tal compromisso se traduziu em ações concretas para que o curso pudesse ser iniciado em 2006.

- O desenho curricular inovador do curso – rompendo com uma formação fragmentada por disciplina e propondo uma formação multidisciplinar para o Ensino Fundamental e por área para o Ensino Médio; organizando os percursos acadêmicos diferenciados como alternativa a um desenho curricular sem qualquer flexibilidade – foi valorizado e reconhecido como uma proposta a ser pensada para qualquer curso de formação de professores na UFMG, e não apenas para as comunidades indígenas. Isso revela uma abertura para sintonizar a formação inicial dos professores e as demandas educacionais colocadas pelo mundo contemporâneo.

- Contemplar a diversidade significou, nessa experiência, criar mecanismos para que essa diversidade pudesse não só ser reconhecida e valorizada, mas também utilizada como instrumento pedagógico. Neste sentido, a organização do processo de seleção, com a utilização dos memoriais e das entrevistas como instrumentos de avaliação, garantiu que essa avaliação pudesse se centrar nos sujeitos e seus processos, e não apenas no produto revelado em testes padronizados. Mesmo nas atividades de leitura e escrita, houve uma preocupação com a diversidade, garantido pela elaboração de atividades diferenciadas para estudantes indígenas com domínio da língua portuguesa bastante diferenciado, como é o caso dos maxakali.

- O processo de seleção pode levantar expectativas, medos e desejos dos estudantes, revelando um forte compromisso deles com as suas comunidades e uma relação direta entre a sua formação individual e o desenvolvimento das escolas indígenas. Nesta perspectiva, a dimensão da interculturalidade está presente não só como conceito e busca mas como prática, encontrada tanto nas ações desencadeadas pela UFMG como nas expectativas e atitudes dos estudantes em relação a seu processo de formação.

- A proposta curricular centrada nos percursos acadêmicos, com a escolha por parte dos estudantes de uma questão norteadora relacionada aos projetos de vida de cada povo indígena, garantiu a diversidade de caminhos e a flexibilidade metodológica tão necessárias para contemplar a especificidade dos diversos povos indígenas presentes no curso.

Mas a experiência também revela alguns desafios que precisam ser superados:

- O curso ainda é visto como especial, com uma única entrada, sem que o tempo dos professores da UFMG dedicado ao curso possa ser contado como encargo didático. Neste sentido, apesar de estar na UFMG, esse curso ainda não está organicamente inserido na dinâmica da Universidade. Sabendo que a estruturação, a coordenação e o desenvolvimento do curso exigem uma dedicação muito grande por parte dos professores que assumirem essas tarefas, é preciso se pensar numa forma para que o tempo desse trabalho seja contado como carga horária dos professores na UFMG.

- A Licenciatura Indígena ainda é uma política que está sendo construída por meio de editais a serem renovados a cada ano. Com uma verba especial, tais cursos acabam também sendo especiais e não regulares, como deveriam ser. É preciso que se construa uma política na qual o MEC dê condições às universidades que assumiram as Licenciaturas Indígenas, como é o caso da UFMG, de desenvolverem esses cursos sem a necessidade de, a cada ano, se submeterem a editais para garantir a continuidade dele.

- O desenho curricular inovador do curso, com base na educação intercultural, apesar de ser bastante valorizado em todas as instâncias da UFMG, ainda está muito distante dos desenhos curriculares presentes nos cursos da UFMG. Neste sentido, é importante que essa experiência possa extrapolar os seus limites internos e servir de exemplo e referência para se pensar numa política de formação inicial de professores que possa acolher a diversidade, construindo um diálogo com as culturas dos grupos excluídos, sejam eles, indígenas, negros, moradores de favelas, etc. Só assim poderemos estar vivendo uma experiência de educação intercultural, não só para os estudantes indígenas, mas para qualquer estudante da UFMG.

De toda forma, com aprendizagens e desafios, é possível constatar que essa experiência possibilitou à UFMG uma abertura no sentido de se comprometer com a formação de grupos historicamente excluídos da sociedade, como é o caso dos povos indígenas, garantindo, a eles, o seu direito a uma educação universitária pública, de qualidade e que esteja sintonizada com suas necessidades, interesses e cultura. Para isso, a UFMG teve que se abrir, ampliar seu olhar, ressignificar rotinas e processos para acolher a diversidade que chegou com o curso.

Isso só foi possível porque o Movimento Indígena de Minas Gerais se organizou e lutou por seu direito a uma educação específica e diferenciada, entendendo que essa educação deveria ser pública e assumida pelo Estado brasileiro.

Neste sentido, a aprovação e implantação do curso foi um marco dentro da UFMG, garantindo a presença real de 150 estudantes indígenas e com eles a possibilidade de um diálogo intercultural para que a Universidade possa, efetivamente, abrir-se e comprometer-se com a luta pela desigualdade neste país, que não se apresenta apenas sob a forma de desigualdade econômica, mas como exclusão social e cultural.

Como nos coloca Dagnino (2000, p. 82):

> ser pobre significa não apenas privação econômica e material, mas também ser submetido a regras culturais que implicam uma completa falta de reconhecimento das pessoas pobres como sujeito, como portadores de direitos [...]. Essa privação cultural imposta pela ausência absoluta de direitos, que em última instância se expressa como uma supressão da dignidade humana, torna-se então constitutiva da privação material e da exclusão política.

Ao entrarem na universidade, esses estudantes indígenas acabam por garantir que as questões relacionadas a suas lutas e interesses passem a fazer parte da cena política, como nos revelam Paoli e Telles (2000, p. 106-197). Segundo as autoras:

Ao se fazerem reconhecer como sujeitos capazes de interlocução pública, a presença desses atores coletivos na cena política teve o efeito de desestabilizar ou mesmo subverter hierarquias simbólicas que os fixavam em lugares subalternizados por entre uma trama densa de discriminações e exclusões, ao impor critérios igualitários de reconhecimento e princípios democráticos de legitimidade. Trazendo para o debate questões e temas antes silenciados ou considerados como não pertinentes para a deliberação política, essas arenas públicas tiveram (e tem) o sentido de um alargamento de campo do político por via de uma noção ampliada e redefinida de direitos e cidadania, não restrita ao ordenamento institucional do Estado, mas como referência por onde se elabora a exigência ética de reciprocidade e eqüidade nas relações sociais, aí incluindo as dimensões as mais prosaicas e cotidianas de vida social por onde discriminações e exclusões se processam.

Nesta perspectiva, a implementação do FIEI na UFMG revela a luta dos Movimentos Sociais, neste caso específico, o Movimento Indígena, para garantir a ampliação e o aprofundamento da democracia nos vários espaços da sociedade, entre eles, na Universidade pública.

Referências

ALVAREZ, S. E.; DAGNINO, E.; ESCOBAR, A. *Cultura e política nos movimentos sociais latino-americanos: novas leituras.* Belo Horizonte: UFMG, 2000. p. 15-57.

BRASIL. Ministério da Educação. *Diretrizes para a Política Nacional de Educação Escolar.* Brasília: MEC/SEF/DFEP, 1994.

BRASIL. Ministério da Educação. Secretaria de Educação, Alfabetização e Diversidade. Educação escolar indígena: diversidade sociocultural indígena ressignificando a escola. *Cadernos Secad 3*, MEC: Brasília, 2007.

DAGNINO, E. Cultura, cidadania e democracia: a transformação dos discursos e práticas na esquerda latino-americana. In.: ALVAREZ, S. E.; DAGNINO, E.; ESCOBAR A. *Cultura e política nos movimentos sociais latino-americanos: novas leituras.* Belo Horizonte: Ed. UFMG, 2000. p. 61-102.

EVARISTO, M. M. *Práticas instituintes de gestão xacriabá.* 2006. Tese (Doutorado em Educação) – Faculdade de Educação, Universidade Federal de Minas Gerais, 2006.

FIEI/FAE/UFMG. *O curso "Formação Intercultural de educadores indígenas": relatório de atividades 2006-2007.* PROLIND/MEC, 2006.

FERREIRA. M. K. L. A educação escolar indígena: um diagnóstico crítico da situação do Brasil. In.: SILVA, A. L.; Ferreira, M. K. L. (Orgs.). *Antropologia, História e Educação.* São Paulo: Global, 2001.

GRUPIONI, L. D. B. De alternativo a oficial: sobre a (im)possibilidade da educação escolar indígena no Brasil. Comunicação apresentada no COLE – CONGRESSO DE LEITURA DO BRASIL, LEITURA E SOCIEDADE, 10, Campinas. 17-21 jul. 1995.

GRUPIONI, L. D. B. *Educação Escolar Indígena: Formação de Professores.* Disponível em: <www.redebrasil.com.br/salto/boletim2002/eei/eei0htm>.

LEITE, L. H. A. Educação Indígena. In.: DUARTE, A. M. C.; DUARTE, M. R. T. *Temas de Legislação Educacional Brasileira.* CD ROM. Belo Horizonte: Ed. UFMG, 2007

MATOS, K. G.; MONTE, N. L. O estado da arte da formação de professores indígenas no Brasil. In: GRUPIONI, L. D. B. *Formação de Professores indígenas: repensando trajetórias.* Ed. MEC/UNESCO: Brasília, 2006.

MINAS GERAIS. Secretaria de Estado de Educação. *BAY: A educação escolar indígena em Minas Gerais.* Belo Horizonte, 1998.

MONTE, N. L. Os outros, quem somos? Formação de professores indígenas e identidades interculturais. *Caderno de Pesquisa,* n. 111, p. 7-29, 2000.

PAOLI, M. C.; TELLES, V. S. Direitos Sociais. Conflitos e negociações no Brasil contemporâneo. In: ALVAREZ, S. E.; DAGNINO, E.; ESCOBAR A. *Cultura e política nos movimentos sociais latino-americanos: novas leituras.* Belo Horizonte: Ed. UFMG, 2000. p. 103-148.

Capítulo 2
Licenciatura em Educação do Campo: desafios e possibilidades da formação para a docência nas escolas do campo

Maria Isabel Antunes

Os movimentos sociais do campo incluíram, nas últimas décadas, em suas agendas a luta pela educação. Nessa luta firmaram parcerias com universidades, organizações governamentais e não-governamentais produzindo, nessa articulação, princípios e matrizes conceituais e práticas, bem como conquistando a implantação de políticas públicas visando garantir o cumprimento do direito de acesso e permanência universal à educação. No contexto das universidades, o tema vem se fortalecendo como área de pesquisa, ensino e extensão. Em termos de formação de professores, já está em processo de consolidação a oferta dos cursos de Pedagogia e de alfabetizadores de jovens e adultos. A licenciatura, como prática de formação para as séries finais do Ensino Fundamental e Ensino Médio, é uma experiência em fase inicial de construção.

Nesse sentido, consideramos pertinente, no âmbito deste texto, apresentar alguns aspectos dos dois cursos em desenvolvimento na Faculdade de Educação da Universidade Federal de Minas Gerais (FaE/UFMG). Considera-se que as informações aqui produzidas possam contribuir para o debate e as proposições em torno das matrizes políticas e pedagógicas norteadoras do processo de escolarização na perspectiva demandada pelos povos que trabalham e residem no campo.

O propósito é apresentar, com algumas reflexões, três aspectos que se constituem como pontos centrais na organização desses cursos. Os aspectos aqui considerados são bastante focalizados nos debates e sobre eles incide o maior número de consultas por parte dos interessados em conhecer a experiência. O primeiro diz respeito à dissonância da oferta em relação aos dados indicadores da diminuição da população rural. O segundo, por sua vez, remete para a organização pedagógica, no que diz respeito à formação por alternância e a habilitação por área do conhecimento.

O primeiro curso surgiu em 2005 como uma idéia construída através da parceria entre a Faculdade de Educação da Universidade Federal de Minas Gerais (FaE/UFMG), o Movimento dos Trabalhadores Rurais Sem Terra (MST) e o Programa Nacional de Educação na Reforma Agrária (PRONERA). O projeto tem como proposta habilitar 60 (sessenta) educadores para a docência multidisciplinar no EF1 e por áreas de conhecimento no EF2 e no ensino médio.[1] O curso foi aprovado pelo Conselho Universitário da Universidade Federal de Minas Gerais como um projeto especial de ensino. Os estudantes desse curso são oriundos do MST, da Comissão Pastoral da Terra (CPT), do Movimento das Mulheres Camponesas, da Cáritas Diocesana e do Centro de Agricultura Alternativa do Norte de Minas (FaE, 2007).

A Turma 2008 instituiu-se a partir do Convite à Universidade Federal de Minas Gerais, formulado pelo MEC, por intermédio da Secretaria de Educação Superior (SESu) e da Secretaria de Educação Continuada, Alfabetização e Diversidade (SECAD) a fim de desenvolver um Projeto Piloto de Licenciatura em Educação do Campo. Foram também convidadas a Universidade Federal de Sergipe, a Universidade Federal da Bahia e a Universidade Nacional de Brasília. As instituições foram indicadas em conseqüência do acúmulo acadêmico demonstrado com base nos critérios de: experiência em formação de educadores do campo, e/ou experiências com implementação de licenciatura por área de conhecimento, e/ou experiência em gestão compartilhada com os sujeitos do campo e suas representações. Vale ressaltar que uma das referências adotadas para elaborar o projeto piloto foi a experiência em desenvolvimento com a Turma 2005 da FaE/UFMG. A proposta tem como um dos objetivos principais estimular, nas universidades públicas, a criação de projetos de ensino,

---

[1] Utilizamos EF1 para denominar as séries iniciais do Ensino Fundamental e EF2 para as séries finais do Ensino Fundamental.

pesquisa e extensão, visando à formação de educadores para atuação, no âmbito da Educação Básica, junto às populações que trabalham e vivem no e do campo.

Na FaE/UFMG o projeto foi discutido e elaborado em parceria com 12 (doze movimentos sociais), três secretarias municipais de educação e com a Empresa Mineira de Assistência Técnica e Extensão Rural. Foram aprovados, no processo seletivo, estudantes integrantes da Associação Mineira das Escolas Família Agrícola, do Movimento dos Trabalhadores Rurais Sem Terra, do Centro de Agricultura Alternativa do Norte de Minas Gerais, da Federação dos Trabalhadores na Agricultura do Estado de Minas Gerais, do Centro de Agroecologia do Vale do Rio Doce, da Federação dos Trabalhadores na Agricultura Familiar, do Movimento dos Pequenos Agricultores, professores da Rede Municipal de Francisco Sá, da Rede Municipal de Miradouro, da Rede Municipal de São João das Missões e da Rede Municipal de Almenara e do grupo técnico da Empresa Mineira de Assistência Técnica e Extensão Rural (FaE, 2008).

Essas duas experiências apresentam diferenças e similaridades. O projeto de 2005, com duração de cinco anos, tem como meta habilitar para a docência multidisciplinar no EF1 e por área do conhecimento no EF2 e ensino médio. O projeto de 2008, elaborado com base em reflexões sobre essa primeira experiência, tem como meta habilitar para a docência multidisciplinar no EF1 e por área do conhecimento no EF2 e ensino médio, entretanto, num prazo mais curto: o curso tem duração de quatro anos. Em termos de similaridade, ambos compartilham os princípios políticos-pedagógicos, a organização dos tempos e espaços, a formação por área de conhecimento, a organização curricular por tempos de formação e a participação das organizações sociais como sujeitos integrantes do processo de planejamento, desenvolvimento e avaliação do curso. Para a finalidade deste trabalho, enfatizar-se-á as similaridades entre os dois cursos.

Na discussão da primeira questão, partiu-se do ponto de vista que existem, no meio rural brasileiro, dois projetos de desenvolvimento que são antagônicos. De um lado, um modelo baseado em pelo menos três vetores: apoio para produtos de exportação, valorização das grandes concentrações de terra e depreciação sistemática do trabalho e dos sujeitos envolvidos com a produção agrícola para consumo interno. De outro, um conjunto de idéias e práticas em torno da construção de um projeto popular de desenvolvimento. Nesse modelo, o espaço deixa de ser o rural, historicamente associado com significados que depreciam e/ou idealizam o modo de vida das populações pobres, e passa a ser o campo, lugar de viver e trabalhar para diferentes povos. Neste trabalho, utilizaremos o termo *rural* ou *campo* associando-os aos respectivos modelos de desenvolvimento.

O primeiro modelo orienta muitos pesquisadores e formuladores de políticas públicas a concluir, pelos dados estatísticos, que o espaço rural, como dimensão física e simbólica, já não tem significado histórico. Assim, já não se pode falar em diferenças significativas entre o rural e o urbano (KOLLING; NERY; MOLINA, 1999). Nesse sentido, entretanto, não caberia a formulação de uma licenciatura para formação de docentes para essa realidade, afinal não haveria especificidades a ser tratadas em um contexto de esvaziamento populacional e de diminuição progressiva das diferenças entre cultura rural e cultura urbana.

Em termos de educação, esse modelo vem produzindo a escola rural. As estatísticas informam que cerca de 50% dos estabelecimentos escolares do País estão no meio rural, mas o quadro abaixo evidencia que essa porcentagem diz respeito à quase totalidade dos estabelecimentos que ofertam somente o EF1. Esses dados indicam não somente a ausência de escolas do EF2, como também pode ser cotejado com os dados da Pesquisa Nacional por Amostra de Domicílios em 2001, que informa que cerca de 95% da população, na faixa de 10 a 14 anos, está na escola. Se o número de escolas que ofertam EF2 no campo é reduzido, pode-se indagar que as crianças que estudam no EF1, se quiserem continuar a escolarização, devem dirigir-se para escolas situadas fora da sua região de moradia.

Modalidades	Rural	Total
Ensino Fundamental (EF1)	100.084	161.189
Ensino Fundamental (EF2)	13.336	53.485
Ensino Médio	948	21.304
Total	114.368	235.978

Fonte: MEC/INEP

Sabe-se que, nas últimas décadas, as orientações da política pública apontaram para o fechamento de escolas do EF1, EF2 e Ensino Médio que atendiam turmas com número reduzido de alunos. Foi implantado o transporte escolar e a enturmação dos alunos em escolas localizadas nas periferias dos centros urbanos ou nos distritos. Essa diretriz, denominada de nucleação, tornou-se a ação concreta de afirmação da não-necessidade de escolas no campo, em função da paulatina diminuição da população.

Vale acrescentar que os estabelecimentos que ainda funcionam possuem infra-estrutura quase sempre precária em termos de espaço físico, serviços de água, esgoto e energia, presença de laboratórios e equipamentos de informática e vídeo. Os resultados de aprendizagem mostram que a taxa de analfabetismo entre os adultos acima de 15 anos é de 29,8%, enquanto que na zona urbana essa taxa é de 10,3%, ou seja, totaliza-se cerca de 15 milhões de brasileiros e brasileiras adultos que não sabem ler nem escrever. Cerca de 72% dos alunos de EF1 estão com idade acima do esperado para a série que freqüentam. No EF2 a faixa de distorção idade/série é de 64,3%. No ensino médio a inadequação é de 65,1%. Os dados do SAEB informam que a proficiência em língua portuguesa e matemática dos alunos do meio rural fica em torno de 20% menos do que a dos alunos do meio urbano (BRASIL, 2005).

Com relação à formação docente, as estatísticas governamentais informam que apenas 9% dos professores que atuam no EF1 apresentam formação superior. No ensino médio, o percentual corresponde a 8,3%. No EF2, cerca de 52% dos docentes apresentam somente o ensino médio. Aqui não se consideram aqueles que, apesar de terem formação em nível médio, não são portadores de diplomas de ensino médio normal. Mais grave ainda é a existência de docentes com formação no nível de ensino fundamental. A literatura tem demonstrado que a condição de trabalho dos professores no meio rural, além da baixa qualificação e salários inferiores aos da zona urbana, apresenta, entre outras, as questões de sobrecarga de trabalho, alta rotatividade e dificuldades de acesso à escola, em função das condições das estradas. (BRASIL, 2006).

Com essa, referência podemos considerar que a situação da escola, da aprendizagem dos estudantes, da formação e condição docente encontra-se nesse estado porque as redes de ensino ainda não se adaptaram aos novos procedimentos como implantação do transporte escolar e nucleação de escolas. Com relação à formação de professores, pode-se constatar que um expressivo número de municípios opta pela realização de concursos, garantindo assim o ingresso de docentes já habilitados em nível superior. Vale ressaltar que o tema rural não é abordado nos currículos dos cursos de Pedagogia e de Licenciatura oferecidos pelas instituições de ensino superior. Em pesquisa, sobre o curso de magistério de nível médio, Paraíso (1996) utilizou a expressão "campo do silêncio" ao constatar a ausência do referido tema nos currículos daqueles cursos.

É no desejo de mudar esse cenário que, nas últimas décadas, os movimentos sociais articulados em torno da luta pela reforma agrária e pela permanência dos povos que já possuem acesso à terra, colocaram a educação em suas pautas de reivindicações. Mas uma educação capaz de contribuir com a aprendizagem de teorias e técnicas que auxiliem na realização do trabalho com a terra, com as águas e florestas com sustentabilidade política, econômica, cultural e social. Organizados em torno da Articulação Nacional Por uma Educação do Campo, que congrega também universidades, organizações religiosas, entre outros, produziram nas últimas décadas duas conferências nacionais, inúmeras conferências estaduais e municipais, incentivaram publicações e realização de pesquisas, monografias, dissertações e teses, negociaram a criação e implantação do PRONERA, bem como da Coordenação Geral de Educação do Campo na SECAD/MEC. A articulação foi a principal responsável pela conquista da promulgação das Diretrizes Operacionais para a Educação do Campo (Parecer nº 36/2001 e Resolução nº 1/2002 do Conselho Nacional de Educação), do Programa Saberes da Terra e do Plano Nacional de Formação dos Profissionais da Educação do Campo no MEC.

Há todo um esforço em torno da superação da precariedade dos processos de escolarização instalados no campo. Entretanto, não se trata somente de criar e fazer funcionar escolas. A perspectiva é construir uma organização pedagógica, curricular, administrativa e financeira com o efetivo protagonismo dos sujeitos, bem como articulada ao projeto de desenvolvimento popular do campo (KOLLING; NERY; MOLINA, 1999). A escola do campo demandada pelos movimentos vai além da escola das primeiras letras, da escola da palavra, da escola dos livros didáticos. É um projeto de escola que se articula com os projetos sociais e econômicos do campo, que cria uma conexão direta entre formação e produção, entre educação e compromisso político. Uma escola que, em seus processos de ensino e de aprendizagem, considera o universo cultural e as formas próprias de aprendizagem dos povos do campo, que reconhece e legitima esses saberes construídos valendo-se de suas experiências de vida. Uma escola que se transforma em ferramenta de luta para a conquista de seus direitos como cidadãos (ARROYO; FERNANDES, 1999).

Quanto à localização da escola, o propósito é estar o mais próximo possível da residência e/ou do trabalho dos estudantes. Essa escola deverá atender ao Ensino Fundamental, ao Ensino Médio, à Educação Infantil e à Educação de Jovens e Adultos. Escolas com qualidade física, com laboratórios, com equipamentos de informática e vídeo, bibliotecas, áreas de lazer e de esportes. Uma escola aberta para as práticas coletivas da comunidade, como reuniões, comemorações, jogos, cursos, acesso à biblioteca, entre outros. Uma escola da, na e para a comunidade, aberta ao diálogo e atenta às necessidades de formação da população. Os estudantes devem ter acesso ao conhecimento científico em um processo construtivo, no que diz respeito ao diálogo entre diferentes formas de saberes. O currículo deverá levar em conta a sustentabilidade ambiental, agrícola, agrária, econômica, social, política e cultural, bem como a eqüidade de gênero, étnico-social, intergeracional, entre outros.

Sendo assim, a educação do campo tem o compromisso de fazer uma ruptura com as idéias e práticas que produzem a educação rural. Educação rural é tudo aquilo que se realiza tendo como referência a dicotomia rural/urbano, a extinção da população, a desvalorização do trabalho, da cultura e das práticas, o silêncio sobre as organizações sociais, sindicais e religiosas, nas quais os sujeitos estão inseridos e a ausência da população na participação nos debates, formulação e gestão sobre a escola.

A construção dessa proposta sempre se deparou com a questão da formação docente. Não bastava conquistar espaço na gestão das escolas se os estudos sobre a atuação dos professores mostravam que estes apresentavam dificuldades para compreender os sentidos das lutas empreendidas pelas famílias dos seus alunos (CALDART, 1997; ROCHA, 2004). Nessa perspectiva, surgiram os cursos de pedagogia da terra, pedagogia do campo, pedagogia da alternância, pedagogia das águas, licenciatura do campo, entre outros, como expressões de construir uma prática formativa em sintonia com a escola, o campo e a sociedade que se deseja.

Pelo exposto, vê-se que a organização das duas turmas de licenciatura do campo na FaE/UFMG já nasceu em terreno fértil. Já existia uma razoável produção de práticas e saberes que possibilitavam a ousadia de propor um projeto capaz de atender às demandas por professores no ensino fundamental e ensino médio na perspectiva em que demandam os povos do campo.

Uma primeira decisão dizia respeito à tomada de posição sobre o modelo de desenvolvimento, para o qual se empenhariam os esforços formativos. Não há prática pedagógica neutra, já nos dizia Paulo Freire. Desse modo, a proposta da licenciatura do campo alia-se ao propósito de construção de um modelo de desenvolvimento para o campo comprometido com a sustentabilidade econômica, social, política e cultural da terra e dos sujeitos que nela trabalham, na perspectiva do que Benjamin (2001) chama de projeto popular. Sendo assim, as análises sobre diminuição da população, como fator indicativo da não-necessidade de escolas, são resignificadas como fatores que impulsionam a luta pela permanência dos que lá estão e pela criação de meios para facilitar o retorno daqueles que assim o quiserem. Nessa perspectiva, os dados demográficos são indicadores de que, apesar da intensa urbanização ao longo desse século, cerca de um quinto da população do País ainda se encontra no campo.

Afinal, qual projeto pedagógico devia ser construído para atender a um objetivo que se apresentava como amplo, que poderia ser alcançado em curto, médio e longo prazo e que necessitava ser propositivo com relação à habilitação? Buscou-se articular duas referências: a produção historicamente elaborada no contexto da educação em torno da construção de um projeto educacional comprometido com a mudança social, política, econômica e cultural e o acúmulo dos inúmeros Movimentos Sociais do Campo, que, em suas propostas, já traziam uma concepção de educação e de escola, na qual os processos de ensinar e de aprender não estão desvinculados dos processos de viver e de produzir.

Isso exigiu um repensar dos conteúdos, dos tempos, dos espaços, das metodologias e dos objetivos do curso. Para tanto, foi necessário refletir e encontrar caminhos para operacionalizar a superação de dicotomias como teoria/prática, escola/comunidade, escola como lugar da teoria e a comunidade como lugar da aplicação/transformação; professor/aluno, senso comum/conhecimento científico, entre outros. Expressões como as que se seguem passaram a nortear a organização do projeto: não existe prática desvinculada de um saber; toda atividade humana comporta uma dimensão simbólica e prática, exigindo do sujeito a indissociabilidade entre o pensar, o sentir e o agir; nenhum ato é desprovido de sentido; a melhor maneira de refletir é pensar a prática e retornar a ela para transformá-la; aprender tem sentido, quando nos envolve no compromisso de transformar a realidade; sem valorizar o saber prévio, não existe possibilidade de reconstrução de saberes/práticas; a formação deve promover a autonomia e a dialogicidade; educador e educando aprendem e ensinam ao mesmo tempo; a participação do estudante deve ser efetiva; ampliar o uso de ferramentas como possibilidade para ampliar a leitura e a ação sobre a realidade, enfatizando o uso de textos, web, vídeos, rádio, teatro, dança e música.

Tendo esses princípios como norteadores, era chegado o momento de pensar no perfil do educador. Desde as primeiras décadas do século XX que se afirma a importância dos professores residirem próximo da escola onde vão trabalhar. Mais do que uma questão de moradia, sempre se ressaltou a necessidade de proximidade cultural e política dos docentes com relação à população. As dificuldades históricas de manterem-se professores trabalhando no campo produziram escolas com funcionamento descontínuo e a presença de docentes sem formação escolar como única possibilidade, na maioria das vezes, de garantir o mínimo de escolaridade para as crianças. Sendo assim, uma das exigências para o ingresso foi o efetivo envolvimento em atividades educativas com a população do campo, bem como a intenção de continuar o trabalho após a conclusão do curso. Esse requisito foi operacionalizado com a solicitação de uma carta de apresentação assinada pela coordenação da organização social coordenadora do projeto educativo, em que o candidato atuava com o aval de duas testemunhas. Essa carta deveria expressar a real indicação do candidato pela comunidade, isto é, seria necessário que a indicação fosse resultado de uma discussão coletiva na localidade e na organização da qual ele fazia parte. A preocupação com o retorno do egresso para sua comunidade resultou na solicitação de uma carta de compromisso dele, na qual se afirmava a intenção de permanecer e atuar na educação por no mínimo igual período após o término do curso.

Entre muitas discussões, vale ressaltar os debates e as decisões sobre a forma de ingresso dos alunos. Como abrir um curso sem vestibular? E o direito universal de todos a uma vaga? Após uma série de debates e consultas à Procuradoria Jurídica da Universidade, foi aprovada a realização de um processo seletivo especial. No Edital, constava que os candidatos deveriam residir, ou estarem envolvidos em projetos educativos com os povos do campo. Essa condição deveria ser afirmada pelo dirigente da entidade social, a qual o candidato se associava.

Por outro lado, a escola de ensino fundamental e médio a ser implantada não precisava reproduzir o modelo urbano. Professores por disciplinas, organização dos tempos e espaços, entre outros aspectos da vida escolar poderiam ser reformulados. As necessidades presentes na escola do campo exigem um profissional com uma formação mais ampliada, mais abrangente, já que ele tem de dar conta de uma série de dimensões educativas presentes nessa realidade. As licenciaturas, baseadas no modelo disciplinar, não permitem que esse educador seja capaz de intervir globalmente no processo de formação de seus alunos. Por outro lado, o curso de Pedagogia não prepara o educador para coordenar o processo de formação nos últimos anos do ensino fundamental e do ensino médio. Então, a demanda de formação do *Docente por Área do Conhecimento* exigia um repensar do modelo de formação presente nas universidades brasileiras, centrado em licenciaturas específicas. A presença de professores com essa habilitação constituía-se também como ferramenta de luta por escolas para que pudessem atuar.

No contexto do projeto, a formação e a titulação a ser ofertadas objetivavam criar condições para atendimento das especificidades dos diferentes contextos de educação escolar, buscando viabilizar as distintas configurações institucionais que existem e que podem vir a existir. A dispersão espacial das moradias dos alunos e a centralidade das relações com as comunidades de pertencimento geram, por vezes, exigências na organização das escolas, que estão muito distantes da organização padrão que caracteriza as escolas urbanas. Por exemplo, é comum a exigência de um professor multidisciplinar, cuja formação o prepare para desenvolver suas atividades em diferentes níveis do Ensino Fundamental, e cujo conhecimento permite-lhe realizar um trabalho articulado entre as diferentes áreas disciplinares independente do fato de sua atuação ser, ou não, concentrada em alguma dessas áreas. Essa atuação contribui para o arranjo de turmas por ciclo etário e possibilita um equilíbrio entre o número de docentes em proporção ao número de educandos por escola. Ainda é preciso ressaltar que a intenção é criar condições concretas para a existência da escola no campo.

Os componentes curriculares foram organizados em áreas do conhecimento e eixo temático. Cada área do conhecimento corresponde a uma habilitação. As habilitações estruturam-se como: Língua, Artes e Literatura (Língua Portuguesa, Literatura, Língua Estrangeira, Artes); Ciências Sociais e Humanidades (História, Sociologia, Filosofia, Geografia); Ciências da Vida e da Natureza (Biologia, Física, Química, Geografia); Matemática.[2] O eixo temático "Escola do Campo" é composto de: conteúdos pedagógicos, práticas de ensino, estágio curricular supervisionado e atividades acadêmicas, científicas, culturais, políticas e artísticas. Os conteúdos pedagógicos tratam dos fundamentos e dos temas relativos ao processo educacional. A prática de ensino é trabalhada com três temáticas: Análise da Prática Pedagógica (desenvolvida através de memorial, *portfolio* e monografia); Formação para a Pesquisa e Formação em Processos Grupais. O estágio curricular supervisionado compreende o tempo da efetiva experiência em ambientes educativos no campo.

O curso adotou uma dinâmica com três momentos de formação: formação básica nas etapas iniciais, formação específica nas etapas intermediárias e formação integradora nas etapas finais. A formação básica orienta-se pela questão: qual a formação necessária para o Educador do Campo atuar no Ensino Fundamental e Médio? A formação específica orienta-se pela questão: qual a formação necessária para o

---

[2] O projeto da Turma 2008 prevê somente duas habilitações: Ciências da Vida e da Natureza e Línguas, Artes e Literatura.

educador do campo atuar no Ensino Fundamental e Médio na área de Ciências Sociais e Humanidades, ou Ciências da Vida e da Natureza, ou Línguas, Artes e Literatura, ou Matemática? A formação integradora, por sua vez, orienta-se pela questão: qual a formação necessária para o educador do campo atuar no Ensino Fundamental e Médio com condições teóricas e metodológicas para articular diferentes áreas de conhecimento?

A oferta da habilitação por área do conhecimento tinha respaldo nas proposições acadêmicas e legais. Os pesquisadores e os estudiosos da formação de professores apontam a segmentação no processo formativo como um dos entraves para uma articulação efetiva entre os diferentes níveis de ensino e composição da Educação Básica como um contínuo. O Parecer nº 9/2001 (CNE/CP) do Conselho Nacional de Educação, que fundamenta a resolução que institui as Diretrizes Curriculares Nacionais para a Formação de Professores da Educação Básica, dispõe que, uma das questões a ser enfrentadas diz respeito exatamente à

> [...] segmentação da formação de professores e descontinuidade na formação dos alunos da educação básica [...]. A desarticulação na formação dos professores que atuam em diferentes níveis reproduz e contribui para a dispersão na prática desses profissionais e, portanto, certamente repercute na trajetória escolar dos alunos da educação básica. A busca de um projeto para a educação básica que articule as suas diferentes etapas implica que a formação de seus professores tenha como base uma proposta integrada. (p. 17)

O parecer indica ainda a necessidade de superação de deficiências bem conhecidas de algumas propostas formativas:

> Os cursos de formação de professores para atuação multidisciplinar, geralmente caracterizam-se por tratarem superficialmente, ou mesmo não tratarem, dos conhecimentos sobre os objetos de ensino, com os quais o professor trabalhará. Não instigam o diálogo com a produção contínua do conhecimento e oferecem poucas oportunidades de reinterpretá-los para os contextos escolares, nos quais atuam. Enquanto isso, nos demais cursos de licenciatura, que formam especialistas por área de conhecimento ou disciplina, é freqüente colocar-se o foco quase que exclusivamente nos conteúdos específicos das áreas em detrimento

de um trabalho mais aprofundado sobre os conteúdos que serão desenvolvidos no ensino fundamental e médio. (p.21)

A Resolução CEB nº 3, de 26 de junho de 1998, que institui as Diretrizes Curriculares Nacionais para o Ensino Médio, em seu art. 6º ressalta, entre outros, a interdisciplinaridade como um dos princípios pedagógicos a serem adotados nesse nível de ensino. No art. 8º, as indicações para a observância desse princípio são bastante claras quando salientam que

> [...] os objetivos são mais facilmente alcançáveis se as disciplinas, integradas em áreas do conhecimento... as disciplinas escolares são recortes das áreas do conhecimento que representam, carregam um grau de arbitrariedade e não esgotam isoladamente a realidade dos fatos físicos e sociais... indispensável buscar a complementaridade entre as disciplinas, a fim de facilitar aos alunos um desenvolvimento intelectual, social e afetivo mais completo e integrado [...].

No art. 10, a Resolução explicita que "a base nacional comum dos currículos do Ensino Médio será organizada em áreas do conhecimento".

O desafio de construir um desenho curricular que garantisse os princípios, a organização dos conteúdos por áreas do conhecimento e a formação pedagógica, como alimentação contínua do processo, levou o grupo a criar a imagem de um tronco como referência organizadora da estrutura e da dinâmica curricular. Brotou assim o Tronco Curricular. As raízes representam os sujeitos e as instituições com suas experiências prévias. O tronco é formado pelas áreas do conhecimento interligadas pelo eixo temático. A copa representa os objetivos a ser alcançados. Pretende-se que os frutos possam alimentar a construção de novas experiências, bem como fornecer sementes para a germinação de novas experiências.

Por meio dele, foi possível visualizar os momentos em que o grupo, como um todo, estaria reunido, aprendendo e ensinando os conteúdos das áreas, os momentos em que, separados, estariam aprofundando os saberes nas áreas específicas e o retorno ao coletivo para uma construção mais ampla do que é ser educador ou educadora na escola do campo. A Educação do Campo como eixo temático ocupou o seu lugar, ora nas áreas do conhecimento, ora com espaços próprios de reflexão e produção. O tronco permitiu ainda a visualização do ponto de partida e das intencionalidades numa imagem cujo sentido é prenhe de significados, no que diz respeito ao espaço físico e simbólico do qual o curso se ocupa.

Outra decisão referiu-se à organização dos tempos e espaços de funcionamento. Partiu-se do princípio de que escola e comunidade são tempos/espaços para construção e avaliação de saberes e que, portanto, seria necessário buscar superar a perspectiva de que a escola é lugar da teoria, e a comunidade é lugar da aplicação/transformação. A escola funcionaria como mediação para aprender a reelaborar formas de pensar/sentir/agir, e não para manter e/ou substituir formas anteriores. Nessa direção, a alternância foi adotada como referência para organização dos tempos e espaços do curso. Assim, afirmaram-se os conceitos de tempo escola e tempo comunidade, como processos contínuos de aprendizagem.

No tempo comunidade, o estudante tem como referência um guia de estudos que contém textos e instruções que buscam articular o que foi estudado no tempo escola com o aprofundamento a ser feito a partir das atividades propostas. A prática de ensino, componente obrigatório para a formação de professores, conforme dispõe o Parecer CNE/CP 9/2001, tem assumido uma relevante função como ferramenta de articulação entre teoria e prática, tempo escola e tempo comunidade. Ela está presente desde o início do curso, capilarizando todo o processo formativo. A prática é desenvolvida com ênfase nos procedimentos de observação e reflexão, visando à atuação em situações contextualizadas, com o registro dessas observações realizadas e a resolução de situações-problema.

Em termos de organização curricular, a prática de ensino acontece por meio da disciplina Análise da Prática Pedagógica. Nas três primeiras etapas, trabalhou-se o memorial. Nas etapas de formação específica, a ênfase foi o *portfolio*, e na formação integradora, o foco será a monografia. Essa organização aconteceu após muitas discussões sobre a natureza e os objetivos da prática de ensino. Optou-se por enfatizar inicialmente o sujeito com suas experiências pessoais e profissionais através do memorial. Em seguida trazê-lo para o campo da profissão por meio do *portfolio*. A monografia emerge como a ferramenta reflexiva entre a sua trajetória pessoal e a profissional do contexto dos movimentos sociais e da educação do campo. Na atualidade, observamos que, aos poucos, a prática está também assumindo a função de articuladora dos conteúdos e habilitações do curso. Através do memorial, do *portfolio* e da monografia, cada educando elabora reflexões, expõe motivos e intencionalidades, evidenciando o processo de reelaboração dos saberes que está vivenciando.

A organização do tempo/espaço em alternância possui base empírica, teórica e institucional. Em termos empíricos, ancora-se na experiência acumulada de quase um século da Rede dos Centros Familiares de Formação por Alternância (CEFFA) no Brasil e nos cursos desenvolvidos há quase uma década pelo PRONERA. O CEFFA congrega as Escolas Famílias Agrícolas (EFA), as Casas Familiares Rurais (CFR) e as Escolas Comunitárias Rurais (ECOR) contando com mais de 217 escolas, espalhadas por mais de 20 Estados do País e vêm mostrando-se como uma alternativa bem-sucedida e perfeitamente consoante com as proposições apontadas nas Diretrizes Operacionais para as escolas do campo, sobretudo em áreas de agricultura familiar (QUEIROZ, 2004). O PRONERA apóia cursos de Normal Médio, Pedagogia, Direito, Agronomia, Geografia, Veterinária, entre outros, na perspectiva de organização dos tempos e espaços em tempo escola/tempo comunidade. A alternância já se constitui em tema consolidado de pesquisa nos programas de pós-graduação em educação do País e do exterior (QUEIROZ, 2004).

A organização por alternância estava também respaldada em dispositivos legais. O art. 28 da Constituição da República Federativa do Brasil de 1998 reconhece a especificidade da escola rural ao possibilitar flexibilidade para organização dos seus tempos, espaços e currículos adequados à natureza do trabalho.

> Art. 28. Na oferta da educação básica para a população rural, os sistemas de ensino promoverão as adaptações necessárias à sua adequação, às peculiaridades da vida rural e de cada região, especialmente.
>
> I – conteúdos curriculares e metodologias apropriadas às reais necessidades e interesses dos alunos da zona rural;
>
> II – organização escolar própria, incluindo a adequação do calendário escolar as fases do ciclo agrícola e as condições climáticas;

III – adequação à natureza do trabalho na zona rural.

Em 2006, a Câmara de Educação Básica do Conselho Nacional de Educação aprovou o Parecer nº 1/2006, que expõe motivos e aprova os dias de estudo na comunidade como letivos.

Uma questão relevante nesse processo foi a constatação de que o curso deveria propor rupturas, mas não podia afastar-se demais da experiência dos participantes. Sendo assim, seria necessário construir a formação por área de conhecimento com um desenho curricular que possibilitasse ao cursista um mínimo de familiaridade com sua experiência escolar prévia. Isso porque já havia tantas rupturas no projeto que se poderia correr o risco de provocar um excesso de estranhamento e resistências cognitivas e afetivas. Não era um cuidado excessivo, mas sim uma preocupação teoricamente orientada por relatos de projetos e reflexões que indicavam a necessidade de buscar um mínimo de equilíbrio entre o instituído e o instituinte.

Para continuar a conversa...

O curso, com as duas turmas, está em andamento, constituindo-se, portanto, em uma experiência em processo. Dessa forma, as reflexões aqui elaboradas apresentam uma dimensão processual. Elas se constituem a partir do que, até esse momento, foi vivenciado. O que pode significar possibilidades de reelaborações ao longo da caminhada.

Com relação à incoerência da oferta, em um contexto com diminuição populacional, entendemos que é exatamente nesse ponto que se situa a necessidade de escolas e de professores. O que se deseja é criar condições para que mais pessoas tenham o campo como alternativa de trabalho e de modo de vida. Não se aceita, portanto, criar políticas a partir do que está dado, mas sim fomentá-las para superar o que existe, visando reinventar novas possibilidades.

Um dos desafios refere-se à organização dos conteúdos por área do conhecimento. Isso porque se lida com saberes e práticas já estabelecidos na Universidade e na experiência escolar dos educandos e das educandas. As dúvidas sobre o "barateamento" dos conteúdos emergem, a todo o momento, por parte de todos os atores envolvidos no curso. A cada reflexão, entretanto, vamos compreendendo e nos afirmando na riqueza de possibilidades que uma leitura multidisciplinar do mundo pode trazer para a escola. Ainda com relação à habilitação por área do conhecimento, a estrutura, a dinâmica e o conteúdo do curso objetivam criar condições para atendimento das especificidades da educação escolar no campo, buscando viabilizar as diferentes configurações institucionais que existem e que podem vir a existir. Nesse sentido, aponta para os principais problemas que historicamente vêm impedindo a construção, no Brasil, de uma rede escolar de qualidade no campo. Ressalta-se também o desafio de avançar na superação do formato estruturado em torno das disciplinas. O caminho em busca da multidisciplinaridade, interdisciplinaridade e, quem sabe, uma transdisciplinaridade ainda está para ser desbravado.

A formação no tempo escola, alternada com a formação no tempo comunidade, aponta para uma temporalidade articulada com a espacialidade. Contribui para superar um dos maiores desafios da escola do campo: construir condições para que a escola possa funcionar em diálogo com as práticas de trabalho, cultura, religião e de lazer das famílias do campo. A alternância trouxe desafios para a organização dos conteúdos, para o material didático e para a relação pedagógica. Não era um curso totalmente presencial ou à distância. Também não seria enquadrado na modalidade semipresencial, já que no sentido adotado não haveria distâncias durante a formação, e sim espaços diferenciados de produção e socialização de saberes.

Ressalta-se ainda que essas diferentes configurações da organização das escolas do campo têm se tornado objeto de pesquisa, revelando interessantes e inovadoras possibilidades quanto às propostas alternativas de escolarização, campo de investigação, que muito têm a contribuir para o desenvolvimento da pesquisa em si e das políticas educacionais no seu conjunto.

Há muitos aspectos da licenciatura do campo que precisam ser retomados em uma reflexão posterior. Entre eles destacamos a construção de um sistema de avaliação (da aprendizagem e do curso) coerente com a proposta político-pedagógica. Como medir saberes articulando a produção no tempo escola e no tempo comunidade? Ao longo da caminhada, estamos encontrando procedimentos enriquecedores. Adotamos como instrumentos de avaliação a prova, a realização de seminários, a produção dos trabalhos no tempo comunidade, os exercícios comentados em sala de aula. Ainda há muito por percorrer, principalmente no que diz respeito à integração das atividades educativas realizadas na prática cotidiana dos movimentos sociais como processos de aprendizagem e que, portanto, podem e devem integrar a composição das notas e conceitos no histórico escolar.

O princípio da participação efetiva dos estudantes e o de suas organizações no processo de gestão, acompanhamento e avaliação do curso têm sido um processo fértil em termos de compreensão, compromisso, envolvimento e vínculo afetivo com o curso. Adotou-se, como princípio, uma coordenação geral composta de um docente universitário e um docente indicado pelos movimentos sociais. A partir desse formato, foi-se criando as instâncias colegiadas com participação de docentes, discentes e representantes dos movimentos sociais. O que não exclui a organização específica da equipe da Universidade e da turma. Os professores organizam-se por áreas do conhecimento, e os estudantes, por núcleos de base. No entanto, há muito que se construir em torno desse aspecto.

A gestão em parceria com os movimentos sociais também se configura como uma dimensão desafiadora para todos os envolvidos. Acertar a organização do tempo e do espaço da Universidade e dos movimentos sociais no que diz respeito à montagem do cronograma, atender aos imperativos das agendas de cada um, aos processos de organização do cotidiano, enfim, são inúmeras questões que vão sendo discutidas e acertadas no dia-a-dia dos cursos. A idéia da parceria em muito contribui para os ajustes. Já nos momentos iniciais de elaboração dos projetos, construiu-se o entendimento de que a Universidade, representada pelos professores e pelos técnicos administrativos envolvidos no curso, colocava-se na condição de parceira. Sendo assim, seria necessária a compreensão de que essa relação continha em si possibilidades de mudanças nas concepções e práticas dos envolvidos. Não é um processo fácil, dado que, em muitos momentos, é preciso empenhar-se na capacidade de negociar entendimentos e buscar consensos para que seja possível continuar a caminhada.

Nesse contexto de proposição e realização, os cursos têm um caráter experimental, tornando-se, assim, fonte de pesquisa e geração de conhecimentos quanto à formação docente, o que, sem dúvida, poderá trazer contribuições para o desenvolvimento de novas propostas de formação no contexto educativo do campo brasileiro.

Em síntese, não existe uma proposta pronta: o que há é uma matriz curricular. Com base nela, rediscute-se a todo o momento, ou seja, a cada etapa, os conteúdos, os tempos, os espaços, os processos e os instrumentos avaliativos. Não se trata de uma grade, e sim de um tronco curricular. Isto é, o currículo não é uma grade, mas um espaço/tempo de possibilidades de germinação, florescência, frutificação e produção de novas sementes.

Referências

BENJAMIM, C. *Um projeto popular para o Brasil.* In.: BENJAMIM, C.; CALDART, R. *Projeto popular e escolas do campo.* Brasília. Df: Articulação Nacional Por uma Educação Básica do Campo, 2000. (Coleção por uma Educação Básica do Campo, n. 3).

BRASIL. Parecer n. 9/2001. Diretrizes Curriculares Nacionais para a Formação de Professores da Educação Básica. Conselho Nacional de Educação (CNE/CP). Brasília, 2001.

BRASIL. Ministério da Educação. Secretaria de Educação Continuada, Alfabetização e Diversidade. *Referências para uma política nacional de educação do campo: caderno de subsídios.* Coordenação de RAMOS, M. N.; MOREIRA, T. M.; SANTOS, C. A. 2. ed. Brasília: MEC,SECAD, 2005.

BRASIL. Ministério da Educação. Instituto Nacional de Estudos e Pesquisas Educacionais Anísio Teixeira. *Panorama da Educação do Campo.* Brasília: MEC/INEP, 2006.

CALDART, R. S. *Educação em movimento: formação de educadoras e educadores no MST.* Petrópolis: Vozes, 1997. 180 p.

KOLLING,. E. J. NERY, I.; MOLINA, M. C. (Orgs.). *Por uma educação básica do campo: Memória.* Brasília: Ed. UNB, 1999.

PARAISO, M. A. Lutas entre culturas no currículo em ação da formação docente. *Educação e realidade,* v. 1, n. 21, p. 137-157, jan./jun. 1996.

QUEIROZ, J. B. *Construção das Escolas Famílias Agrícolas no Brasil: ensino médio e educação profissional.* 2004. Tese (Doutorado). Brasília, Universidade de Brasília, 2004.

ROCHA, M. I. A. *Representações sociais de professores sobre os alunos no contexto da luta pela terra.* 2004. Tese (Doutorado em Educação). Faculdade de Educação, Universidade Federal de Minas Gerais, 2004.

UNIVERSIDADE FEDERAL DE MINAS GERAIS. Faculdade de Educação. *Licenciatura em Educação do Campo: Projeto Político Pedagógico.* Belo Horizonte, 2008. (não publicado).

UNIVERSIDADE FEDERAL DE MINAS GERAIS. Faculdade de Educação. *Licenciatura em Educação do Campo: Projeto Político Pedagógico.* Belo Horizonte, 2007. (não publicado).

Capítulo 3
Aprender a ser educador da EJA: análise de memoriais de professores-monitores do PROEF/UFMG

Ana Maria Simões Coelho
Danusa Munford
Denise Alves de Araújo
José Raimundo Lisboa da Costa
Júlio Emílio Diniz-Pereira
Maria da Conceição Ferreira Reis Fonseca
Míria Oliveira

O objetivo deste capítulo é discutir alguns elementos que compõem o complexo processo de aprender a ser educador de jovens e adultos. Esses elementos foram identificados a partir da leitura e análise de memoriais produzidos por professores-monitores[1] que participaram do Projeto de Ensino Fundamental de Jovens e Adultos (PROEF), da Universidade Federal de Minas Gerais (UFMG), no ano de 2007. Com efeito, uma cuidadosa leitura e um exercício mais sistemático de análise desses documentos revelaram aspectos muito interessantes a respeito da maneira pela qual uma experiência docente como essa que os licenciandos vivenciam naquele projeto de extensão contribui para a formação "inicial"[2] de educadores de jovens e adultos.

---

[1] Usamos a denominação "professores-monitores" para nos referirmos aos estudantes universitários que atuam como docentes nos projetos de escolarização de jovens e adultos que, como o PROEF, compõem o Programa de Educação Básica de Jovens e Adultos da UFMG. A expressão destaca o caráter de sua atuação no Projeto, como docente, apesar de ainda não serem formalmente habilitados para o exercício do magistério; mas também quer indicar que tal atuação é desenvolvida sob a supervisão de um professor universitário responsável pelo acompanhamento meticuloso do trabalho docente desses licenciandos.

[2] Neste artigo, utilizaremos a expressão, recorrentemente usada na literatura nacional da área de formação de professores, "formação inicial". Porém, estamos conscientes das críticas ao uso dessa expressão e as justificativas para a utilização do termo "formação acadêmico-profissional" em seu lugar (ver, por exemplo, DINIZ-PEREIRA, 2008).

Como se sabe, o memorial é um importante instrumento de fomento à reflexão dos percursos formativos de educadores e de suas práticas pedagógicas e, por isso mesmo, muito usado em programas e cursos de formação de professores do mundo todo. No PROEF, além de atender a esse propósito, o memorial constitui-se no principal documento utilizado como referência durante o processo de renovação da bolsa de extensão a que fazem jus os professores-monitores do projeto.[3]

Os professores-monitores, como será mais bem esclarecido na próxima seção deste capítulo, em que se fornecerão informações mais detalhadas sobre o PROEF, são alunos de diferentes cursos de Licenciatura da UFMG que têm ali a sua primeira experiência docente.[4] Para atuarem nesse projeto, eles assinam um contrato de trabalho com a Universidade, de 20 horas semanais, e recebem, para tal, uma bolsa de "iniciação à docência".[5] O tempo máximo de permanência dos professores-monitores no PROEF é de dois anos. Todos os anos, há um processo de seleção de novos professores-monitores ao qual os que já atuam no projeto, por no máximo um ano, também podem candidatar-se. Para tanto, devem produzir um memorial, por meio do qual refletirão criticamente sobre o impacto daquela experiência na sua formação pessoal e profissional.

Este texto analisa, pois, os memoriais que foram produzidos pelos professores-monitores que atuaram no projeto, em 2007, e participaram do processo de seleção no final daquele ano. Tal discussão,

---

[3] Para sermos mais acurados, os documentos discutidos, por meio desta pesquisa, não se tratam de "memoriais" propriamente ditos, pois não são textos em que os sujeitos analisam acontecimentos de sua vida para entender sua formação situada em espaços, exigências e possibilidades vivenciados por eles. Ou seja, não são narrativas histórico-analíticas (ou autobiografias). Talvez, a melhor expressão para definir esses documentos seja, do inglês, journal entry. Contudo, mesmo correndo o risco de não sermos muito precisos quanto à utilização do termo, resolvemos manter, neste texto, o uso da palavra "memorial".

[4] Como será mostrado mais adiante, nem todos os professores-monitores terão no PROEF a sua primeira experiência docente. Alguns já assumiram a condição de professores antes de ingressar no projeto. Porém, pode-se afirmar que todos, sem exceção, estão dando ali os seus primeiros passos na carreira docente.

[5] Trata-se, na verdade, de uma bolsa de extensão, no valor de, aproximadamente, R$ 300,00 (trezentos reais) mensais, que, de maneira similar àqueles estudantes que ingressam na carreira acadêmica e recebem para isso uma "bolsa de iniciação científica", passamos a chamá-la de "bolsa de iniciação à docência", em função da sua especificidade em apoiar os que querem ingressar na carreira de magistério.

entretanto, supõe o reconhecimento de algumas especificidades da organização administrativa e pedagógica vivenciada pelos professores e pelos alunos no PROEF, razão pela qual apresentaremos ao leitor algumas informações sobre o Projeto de Ensino Fundamental de Jovens e Adultos da UFMG.

O Projeto de Ensino Fundamental de Jovens e Adultos da UFMG (PROEF)

O PROEF é um projeto de extensão da Universidade Federal de Minas Gerais (UFMG) e é desenvolvido, desde a sua criação, em 1986, na Escola Fundamental do Centro Pedagógico (CP/UFMG). Ele faz parte do Programa de Educação Básica de Jovens e Adultos da UFMG, que tem como áreas de atuação a Educação de Jovens e Adultos, nos níveis do Ensino Fundamental e Médio, a formação de educadores para atuar nessa modalidade de ensino e a produção de conhecimentos relativos a essas áreas.

A equipe de trabalho do PROEF é composta de nove professores-coordenadores, sendo seis docentes dos cursos de Licenciatura da UFMG e três do CP/UFMG, os quais coordenam administrativa e pedagogicamente o trabalho realizado pelo corpo docente – professores-monitores – composto de 32 estudantes de diversos cursos de Licenciatura da Universidade: Belas Artes, Ciências Biológicas, Educação Física, Filosofia, Geografia, História, Letras, Matemática, Pedagogia, Teatro. O Projeto serve ainda como campo de estágio para centenas de alunos – estágios curriculares – dos diversos cursos de Licenciatura e de disciplinas de práticas de ensino da UFMG e de outras universidades.

Esse projeto tem como um de seus objetivos principais oferecer a funcionários da Universidade e a jovens e adultos da comunidade em geral a oportunidade de escolarização de qualidade e apropriada a esse público no nível da Escola Fundamental; destina-se também a proporcionar aos estudantes dos cursos de Licenciatura (bolsistas e estagiários) uma iniciação orientada à atividade profissional no campo pedagógico; constitui-se ainda como um espaço privilegiado para investigação desenvolvida por professores e por estudantes de pós-graduação da Universidade, estimulando, subsidiando e legitimando a produção de conhecimento e o desenvolvimento de diversas iniciativas e ações de Educação de Jovens e Adultos (EJA), promovidas pela UFMG ou com seu apoio.

Para o cumprimento desses objetivos, procura-se construir um trabalho pedagógico que possa proporcionar a jovens e adultos uma experiência de escolarização correspondente ao Ensino Fundamental,[6] significativa em si mesma, na qual o aluno possa apropriar-se do conhecimento, valorizando suas vivências pessoais e sociais e procurando desenvolver uma visão crítica. Nesse sentido, busca-se propiciar aos alunos jovens e adultos do Ensino Fundamental assumirem-se como sujeitos de ensino e aprendizagem e, como tal, conduzirem seu processo de escolarização, inclusive com a perspectiva da continuidade dos estudos no nível médio e superior.

Em relação aos estudantes de Licenciatura que ali atuam como professores-monitores, o PROEF pretende configurar-se como uma oportunidade privilegiada de formação profissional para educadores de jovens e adultos. O PROEF caracteriza-se, pois, por meio de suas atividades, de sua produção, de suas demandas e de suas propostas a docentes, pós-graduandos e licenciandos, como espaço educativo, particularmente rico e receptivo para a realização de estágios e pesquisas que tenham como objeto a Educação Básica, a Educação de Jovens e Adultos, a Formação Docente ou outras relações que se estabelecem no espaço escolar. Por isso, cabe à organização desse projeto reunir, produzir, analisar, divulgar material pedagógico e resultados de investigação na Educação de Jovens e Adultos e na formação de profissionais que nela atuam, assumindo a responsabilidade da Universidade com a produção e a divulgação do conhecimento em um campo como o da Educação de Jovens e Adultos que apresenta demandas tão dramáticas e tão urgentes em um país como o Brasil.

Para tornar-se aluno do PROEF, o candidato se inscreve na seção de ensino do Centro Pedagógico da UFMG, e, caso pretenda inserir-se diretamente no segundo segmento do Ensino Fundamental, submete-se a um teste escrito por meio do qual se avaliarão suas habilidades de leitura e de escrita e de resolução de problemas aritméticos envolvendo as quatro operações fundamentais. Os alunos na segunda

---

[6] Trataremos neste texto apenas da parte correspondente ao 2º Segmento (5ª a 8ª séries) do Ensino Fundamental.

fase do Ensino Fundamental são organizados em oito turmas e em cada uma delas são oferecidas 25 vagas. O número de alunos, no entanto, pode variar em torno desse número graças às necessidades especiais de agrupamento por razões pedagógicas ou em razão da evasão ao longo do curso. Vagas abertas ao longo do ano são preenchidas por rematrícula ou remanejamento solicitado pelos alunos, recomendado pelos professores-monitores e autorizado pela coordenação.

A carga horária semestral para os alunos é de 200 horas, totalizando 1.200 horas para conclusão do Ensino Fundamental. A semana letiva é organizada de maneira que os alunos tenham aulas nas dependências da Escola Fundamental, no período noturno, de segunda a quinta, no horário das 17h50 às 21 horas ou das 18h50 às 22 horas, conforme sua opção. São ministradas três aulas de uma hora de duração por noite letiva, ficando os 12 tempos semanais distribuídos em aulas para cada uma das sete áreas, a saber: Ciências da Natureza, Expressão Corporal (Educação Física e Teatro), Geografia, História, Língua Estrangeira (Inglês ou Espanhol), Língua Portuguesa e Matemática. A adoção de uma semana letiva com menor número de dias de aula não é incomum em programas de EJA e, se permite a toda a equipe encontrar-se regularmente, concede também a seus alunos, em geral trabalhadores, uma noite em que possam tratar de seus compromissos com a família, a comunidade, o descanso ou o lazer.

Semanalmente, os professores-monitores do PROEF reúnem-se com a equipe e o coordenador de sua disciplina nas *reuniões de área* e também em equipes multidisciplinares para as *reuniões de turma*, que contam com a participação dos professores-monitores que trabalham nas mesmas turmas e do coordenador dessa equipe. Nas sextas-feiras, ocorrem atividades específicas voltadas à formação do educador de jovens e adultos: discussão de temáticas da Educação de Pessoas Jovens e Adultas (EJA), com a participação de todos os monitores e coordenadores do PROEF. Mensalmente são realizadas as *reuniões gerais*, com a participação de todos os monitores e coordenadores do PROEF e de representantes eleitos dos alunos. Para planejamento, articulação e avaliação de todas essas atividades, a equipe de coordenadores se reúne quinzenalmente *(reunião de coordenadores)*.

Assim, constituindo-se como espaço de formação de educadores, o PROEF propicia a seus professores-monitores a participação no

Projeto Especial de Formação de Educadores de Jovens e Adultos, que se apresenta como um espaço privilegiado de reflexão sobre o cotidiano escolar e o insere em um projeto mais amplo de educação, por meio de leituras, pesquisas e participação em cursos e eventos no campo da EJA e das reuniões semanais, abertas à toda a equipe do Programa de Educação Básica de Jovens e Adultos da UFMG, destinadas à discussão de especificidades e desafios da EJA e à articulação entre projetos desse Programa e desses com outras experiências de EJA da rede pública e particular ou promovidos por movimentos sociais e ONGs. Esse esforço de formação tem sido continuamente avaliado nas instâncias de discussão e deliberação do PROEF e por um projeto de pesquisa específico, registrando detalhadamente suas atividades, tanto para o próprio aperfeiçoamento quanto para a construção de conhecimento sobre formação docente e ainda para instruir processos de contabilização da participação dos estudantes como créditos dentro do programa de flexibilização curricular da UFMG ou para emissão de declarações e certificados dessa participação como recomendação do profissional ao mercado de trabalho.

A concepção da proposta pedagógica desse projeto procura pautar-se em princípios segundo os quais o conhecimento da realidade dos alunos e do seu percurso cognitivo é condição essencial para o processo educativo. Além disso, o trabalho educativo deve ser assumido como uma construção coletiva que supõe, portanto, o envolvimento responsável de educadores e educandos e a integração entre as diferentes áreas do conhecimento.

A experiência no exercício desses princípios levou-nos, porém, à constatação de que a passagem do discurso à prática não é, de forma alguma, um procedimento trivial. A preocupação com o conhecimento dos alunos, de suas condições de vida e acesso a bens culturais, demandou, desde os primeiros anos do Projeto Supletivo[7] até as *noites de hoje*, em que temos já consolidado o Programa de Educação Básica de Jovens e Adultos, a elaboração de estratégias de coleta de informações sobre os alunos, configuradas em formulários, questionários e entrevistas individuais,

---

[7] Projeto Supletivo era a denominação inicial do PROEF, abandonada em 1998, quando da criação do Projeto de Ensino Médio e da integração desses projetos em um Programa de Educação Básica de Jovens e Adultos. O abandono do termo "supletivo" reflete também a explicitação de uma outra perspectiva que já existia havia alguns anos e definia a proposta pedagógica do Projeto para além de um esforço de "recuperar o tempo perdido".

mas, principalmente, em dinâmicas de grupo realizadas pelos professores com as turmas. Essas atividades foram incorporadas aos procedimentos regulares de acolhida das turmas que ingressavam no programa e, adquirindo um *status curricular,* passaram a ser também alvo de reflexões mais sistemáticas, tematizadas nos fóruns privilegiados de formação docente e encampadas no estabelecimento de critérios e decisões pedagógicas do *noite-a-noite* desse projeto. Além disso, parte das informações passou a ser submetida a tratamento pelos próprios alunos, em projetos interdisciplinares, ou no desenvolvimento do trabalho de uma disciplina, evidenciando sua relevância para toda a comunidade do PROEF e abrindo a discussão sobre a natureza do conhecimento, os recursos de produção e de organização e a intencionalidade dos recortes aplicados à realidade, discussão essa que é fundamental para a compreensão das perspectivas adotadas pelas diversas áreas.

O propósito da construção coletiva do trabalho pedagógico vem conquistando e amadurecendo espaços de realização, em um processo por meio do qual vamos redimensionando a influência dos parâmetros ditados pelos programas oficiais propostos para as séries e disciplinas curriculares da escola dita "regular" e conferindo centralidade à preocupação com a trajetória de cada turma, com sua dinâmica própria, definida pelas contribuições individuais dos sujeitos (professores e alunos) que as compõem e pelas relações que se estabelecem na convivência entre eles, propiciadas e mediadas pelas situações de ensino-aprendizagem. Esse deslocamento dos focos – da série para a turma, das disciplinas para uma proposta pedagógica integrada – supõe, entretanto, um conjunto de condições de ordens diversas, que passa pela negociação com as expectativas dos alunos, a disposição e a disponibilidade dos professores, a flexibilidade na organização dos tempos escolares, o acesso a recursos pedagógicos teóricos e práticos que compartilhem dos mesmos princípios educativos e a legitimidade conferida por um processo de avaliação contínuo e responsável.

No que tange à organização dos tempos escolares, busca-se garantir a realização de projetos interdisciplinares e oficinas de temáticas diversas, bem como o espaço reservado à abordagem das disciplinas escolares. As oportunidades de acesso à produção de conhecimento e ao conhecimento produzido, proporcionadas pela vida acadêmica, têm criado ainda em professores e alunos o hábito da pesquisa e da busca de novos temas e de novos recursos para tratá-los; mas é a garantia e a incorporação dos momentos e da atitude reflexiva na rotina do trabalho escolar que conferem consistência às investigações e legitimam o conhecimento nelas produzido.

Finalmente, a preocupação com os modos e a sistemática da avaliação, qualitativa e processual – não só a avaliação dos alunos, ou da aprendizagem, mas a avaliação de todo o projeto – remete-nos, antes de mais nada, a uma questão conceitual, que se explicita na concepção, na aplicação, no tratamento e na interpretação dos instrumentos; nas formas, no cuidado e na regularidade dos registros; nas oportunidades eleitas para a divulgação e discussão de seus resultados; e nas conseqüências que todo esse processo desencadeia. Essa é uma questão crucial na concepção e na realização de um projeto de EJA.

ANÁLISE DOS MEMORIAIS

Para empreendermos a análise dos memoriais produzidos pelos professores-monitores que atuaram no PROEF, em 2007, realizamos uma *leitura flutuante* (BARDIN, 1979) desses documentos e, em seguida, selecionamos trechos que nos pareciam mais recorrentes nos diferentes textos. Esses trechos, quando agrupados e organizados, ajudaram-nos a levantar temáticas que, por sua vez, nos auxiliaram na discussão, que apresentamos a seguir, sobre o complexo processo de aprender a ser educador de jovens e adultos e o papel que o PROEF cumpre nesse processo de aprendizagem.

Antes disso, porém, é essencial explicitar que estamos cientes do provável viés contido nos dados aqui analisados, uma vez que os professores-monitores escreveram seus memoriais com o propósito de pleitear a continuidade da bolsa de "iniciação à docência" no PROEF. Mesmo sabendo que esse contexto de produção dos memoriais de certa forma "contamina" o que dizem os professores-monitores em seus textos, não acreditamos que isso inviabilize a utilização deles para os fins desta pesquisa.

1. O reconhecimento de se tratar de uma experiência formativa que traz grandes mudanças na vida pessoal e profissional dos professores-monitores

Um primeiro aspecto que fica bastante evidente, por meio da leitura e análise dos memoriais dos professores-monitores que participaram do PROEF, no ano de 2007, é o reconhecimento da importância que a experiência de formação propiciada pelo projeto tem em sua vida pessoal e profissional. Parece que o PROEF consegue desencadear "grandes mudanças" na maioria dos sujeitos envolvidos nessa experiência formativa, mesmo que a permanência nele tenha sido relativamente curta.

> Foram seis meses de grandes mudanças e desenvolvimentos no meu modo de trabalhar com a educação em geral. (Professora-monitora A da Área de Língua Portuguesa)

> Considero que o ano de 2007 foi fundamental para minha formação como educadora [...]. As mudanças de interpretação de fatos se intensificaram na minha vida e mudanças que considerei essenciais para que a minha prática como educadora, em processo de formação, melhorasse. (Professora-monitora A da Área de Geografia)

Esse reconhecimento, porém, não é apenas daqueles que têm ali a sua primeira experiência docente.[8] Como se pode observar no trecho a seguir, mesmo aqueles que ingressam no Projeto já tendo vivenciado, anteriormente, a condição de docentes, admitem a relevância dessa experiência para a sua formação, em função da especificidade de sua estrutura e funcionamento.

> [...] embora minha experiência como docente se inicie em 2004, quando passo a atuar como voluntária do programa Telecurso 2000 em minha comunidade, é o ano de 2007, quando passo a fazer parte do PROEF, que minhas concepções de ensino e visão a respeito do que a aula é construída e a cada dia aprimorada. (Professora-monitora A da Área de História)

A especificidade da estrutura e do funcionamento do PROEF, uma escola definitivamente pensada como espaço de formação de seus docentes (ver, por exemplo, DINIZ-PEREIRA *et al.*, 2000), foi recorrentemente enfatizada nos memoriais dos professores-monitores, como se pode observar nas passagens a seguir:

---

[8] Como mencionado na introdução deste capítulo, a maioria dos nossos professores-monitores, alunos de diferentes cursos de Licenciatura da UFMG, tem sua primeira experiência como docente no PROEF.

> [...] acredito ser difícil uma outra escola que me propicie o que o PROEF me propicia, visto que a maioria delas tem atribuído pouca importância aos momentos pedagógicos fora da sala de aula (reuniões e preparo de aulas). Esta experiência valoriza minha prática docente e leva-me sempre a uma reflexão da minha postura, atitudes e formas de abordar as idéias junto aos alunos. (Professora-monitora B da Área de Geografia)
>
> [...] o PROEF é um espaço de troca entre as diversas áreas do conhecimento que ali estão, e espaços de troca são necessários para a formação de um docente que consiga dialogar com as outras áreas do conhecimento e principalmente com o aluno... (Professor-monitor A da Área de Expressão Corporal – Teatro)

Discutiremos, mais adiante, os significados atribuídos pelos professores-monitores em seu memoriais aos diferentes espaços formativos no PROEF (as reuniões de turma, as reuniões de área, as atividades formativas das sextas-feiras) e, especialmente, a importância que eles dão aos ensinamentos adquiridos por meio do convívio direto com alunos da EJA. Como é destacado no trecho a seguir, há um nítido reconhecimento da relevância do trabalho junto ao público da EJA para o crescimento pessoal e profissional dos envolvidos.

> A experiência em trabalhar com o público de EJA é uma experiência que me fez crescer muito, como professor e como pessoa. (Professor-monitor B da Área de Língua Portuguesa)

Em resumo, parece claro, por meio da análise dos memoriais, que o PROEF constituiu-se em uma experiência de formação relevante para esses sujeitos, tanto por introduzi-los, de um modo diferenciado, ao "exercício docente", quanto por apresentá-los uma modalidade de ensino que, até então, era desconhecida ou pouco familiar, a EJA, e logo perceberem que aquele público, os alunos da EJA, demandava um trabalho diferenciado e o Projeto, por sua vez, propiciava condições favoráveis para que isso ocorresse. Nos trechos mostrados a seguir, é possível perceber que os professores-monitores, participantes do PROEF, no ano de 2007, foram capazes de explicitar tais aspectos aprendidos por meio da participação na experiência formativa em questão.

> O Projeto introduziu-me no exercício docente, tornando possível a ampliação dos meus conhecimentos acerca da educação, do funcionamento de uma escola e da dinâmica da sala de aula. Por meio do PROEF, pude também conhecer melhor uma modalidade de ensino desconhecida anteriormente por mim: a Educação de Jovens e Adultos. (Professora-monitora C da Área de Língua Portuguesa)
>
> Mesmo tendo pouco tempo no Projeto, essa experiência vem me despertando questionamentos a respeito de como trabalhar com esse público de características tão diferenciadas. (Professora-monitora A da Área de Matemática)

Para encerrar esta seção, no entanto, devemos admitir que, ao iniciar a leitura dos memoriais, já sabíamos, baseados em pesquisas realizadas anteriormente sobre o significado do PROEF na formação de educadores de jovens e adultos (DINIZ-PEREIRA; FONSECA, 2001), que, provavelmente, encontraríamos esse reconhecimento, por parte dos nossos professores-monitores, em termos da relevância dessa experiência na formação deles. Desse modo, esse resultado da pesquisa não nos surpreendeu de maneira alguma. Todavia, estávamos interessados em saber, mais especificamente, *o que* e *como* o envolvimento com essa experiência poderia contribuir para a formação dos professores-monitores. Esses aspectos serão tratados, mais detalhadamente, a seguir.

2. Mas o que exatamente muda nos professores-monitores a partir do envolvimento com o PROEF?

São várias as mudanças relatadas nos memoriais pelos professores-monitores desde a sua entrada no PROEF. Em primeiro lugar, é interessante notar que alguns "monitores" utilizaram o memorial para fazer uma reflexão crítica sobre a maneira como se iniciaram na docência. Esse nos parece um indício claro de mudança, pois, apesar do período relativamente curto de permanência no PROEF, eles já se percebem diferentes da forma como ingressaram no projeto. Ficou evidente, nos memoriais, que os professores-monitores foram capazes de olhar para si mesmos com muita criticidade e de perceber, neles próprios, certas visões arraigadas de mundo ou mesmo lacunas de formação e ainda compreender suas prováveis origens. Como mostrado no trecho a seguir, eles afirmam que, ao se iniciarem na docência, carregavam "pré-conceitos" e reproduziam "metodologias ultrapassadas" trazidas de suas experiências escolares e acadêmicas.

> Quando ingressei no PROEF [...] minha visão de mundo ainda se encontrava marcada por pré-conceitos e uma metodologia ultrapassada que tinha origem ainda na minha formação escolar e no princípio da minha formação acadêmica. (Professora-monitora A da Área de Língua Inglesa)

Sabemos, por meio da literatura especializada, que professores iniciantes tendem a reproduzir práticas docentes tradicionais, baseadas na mera transmissão de conhecimentos ou, para usar uma expressão freireana, na "educação bancária" (FREIRE, 1971), orientadas por modelos de ensino convencionais introjetados ao longo de sua trajetória escolar e acadêmica. Como se pode observar, porém, no trecho a seguir, isso nem sempre acontece. Há opções conscientes, por parte de alguns de nossos professores-monitores, de não se repetir, durante a primeira vez que assumem a condição de docentes, as práticas com as quais não se identificavam quando eram alunos.

> Como preparar as aulas? Como me comportar em uma sala de aula, agora como professora? Tais questionamentos me atormentavam. Para solucioná-los, pensava o seguinte: me basearei em minha trajetória escolar. Que professora queria ser? Aquela que os alunos se recordam com entusiasmo? Ou aquela que traz sensações negativas ou simplesmente não faz diferença na vida de seus alunos? Decidi pela primeira opção. (Professora-monitora A da Área de Ciências da Natureza)

A análise dos memoriais nos permite afirmar também que há uma visível mudança de olhar dos professores-monitores do PROEF em relação ao próprio trabalho docente. Descobrem, por exemplo, a enorme complexidade dessa tarefa.

> Descobri o quanto é complicado preparar uma aula e como é difícil atender cada aluno em seu problema individual. (Professora-monitora B da Área de História)

> [...] pude perceber que o trabalho docente muitas vezes é um intrigante paradoxo. (Professor-monitor B da Área de Língua Portuguesa)

E, como mostrado no trecho a seguir, essa visão sobre a complexidade do trabalho docente torna-se ainda mais veemente quando o propósito é ir além da mera reprodução de práticas docentes tradicionais.

> Como seria deixar de ser um mero transmissor de conhecimento para se tornar um ser capaz de possibilitar condições de desenvolvimento de capacidades e autonomia do pensamento do educando? E o mais difícil, como diagnosticar essa mudança? (Professora-monitora A da Área de Ciências da Natureza)

Entre as várias "descobertas" relatadas pelos professores-monitores, em seus memoriais, sobre o trabalho docente, talvez uma das mais importantes seja a necessidade de se desafiar a idéia, comumente aceita, de que o trabalho dos professores é essencialmente uma atividade individual e "solitária". Como se pode notar, por meio do relato a seguir, o PROEF, por adotar a interdisciplinaridade e o trabalho coletivo como elementos fundamentais de sua proposta político-pedagógica, exerce grande influência sobre o questionamento dessa idéia.

> [...] percebi que o trabalho docente não é uma tarefa solitária, que deve ser cumprida isoladamente pelo professor, sem o diálogo com os demais colegas da área e das outras disciplinas. Notei que os conteúdos e as atividades de Língua Portuguesa tornaram-se muito mais interessantes e produtivos quando foram planejados em conjunto com os professores das demais matérias. O trabalho interdisciplinar, que antes me assustava, agora me encanta. A experiência no PROEF me fez refletir criticamente sobre a educação e notar que um dos problemas atual do ensino é a atuação solitária do docente. (Professora-monitora C da Área de Língua Portuguesa)

A ênfase na interdisciplinaridade e no trabalho coletivo parece desencadear também uma mudança de concepção sobre a própria natureza do trabalho docente. Em seus memoriais, os professores-monitores deixam transparecer que para eles a docência, principalmente a docência na EJA, "vai além dos limites da área" de conhecimento a ser ensinada. Talvez o maior aprendizado no projeto seja a possibilidade de o professor exercer um papel diferenciado na escola e perceber a sala de aula como um espaço mais amplo de formação humana.

> [...] como não destacar o que mais aprendi: a sala de aula pode ser sim um espaço de formação humana, ou seja, não se aprende apenas conteúdos, mas ao construí-los podemos dar espaço para auxiliar o aluno a desenvolver em si diversas habilidades. (Professora-monitora B da Área de Ciências da Natureza)
>
> Nesses últimos meses cresci muito quanto à minha formação como professora e como ser humano. Percebi que o papel do professor não é exclusivamente a construção do saber específico, no meu caso a Língua Inglesa, mas vai além dos limites da área, ultrapassa o simples ensino de gramática e vocabulário da língua estrangeira. O papel de professor no caso da Educação de Jovens e Adultos vai muito além. O professor tem que levar em conta que o aluno chega na sala de aula com um conhecimento prévio e que eles carregam uma bagagem cultural, o professor é que faz o papel de um mediador, uma ponte que liga o aluno a novos mundos. (Professora-monitora A da Área de Língua Inglesa)

Finalmente, conforme relatado na passagem a seguir, parece haver, até mesmo, uma mudança de postura dos "monitores" como alunos da UFMG. Durante o tempo em que participam do projeto, os professores-monitores vivem esta dupla identidade: são alunos dos cursos de Licenciatura, durante o dia, e se vêem na condição de docentes, no período noturno. Talvez, por estarem agora "do outro lado", vivendo as complexidades da tarefa docente, eles se sintam mais solidários com os seus próprios professores da Universidade.

> A experiência no PROEF me fez repensar também a minha postura enquanto discente. Agora, ocupando o papel de aluno, procuro entender melhor os meus professores, além de tentar contribuir mais com o andamento das aulas. (Professor-monitor B da Área de Língua Portuguesa)

Como se pode notar, são muitas as mudanças percebidas pelos professores-monitores em si mesmos, a partir de seu ingresso no PROEF. Contudo, como discutiremos no próximo item, essas mudanças parecem ir muito além da "simples" adoção de um novo olhar sobre o trabalho docente ou da incorporação de novos comportamentos como alunos da universidade. Ousamos afirmar que o PROEF parece propiciar, nesses sujeitos, a construção de um *saber-fazer docente diferenciado*.

3. A construção de um saber-fazer docente diferenciado

Há várias passagens nos memoriais dos professores-monitores em que eles fazem referências às próprias práticas de ensino em sala de aula, ou seja, são trechos em que os "monitores" relatam o que fazem em suas aulas. Ao agirem assim, acabam revelando aprendizados muito interessantes em relação à docência e, mais especificamente, à docência na EJA, o que estamos denominando aqui, no seu conjunto, de um *saber-fazer docente diferenciado*.

Esse *saber-fazer docente diferenciado* está relacionado, por exemplo, à adoção de posturas, em sala de aula, que levam os alunos a questionarem visões mais convencionais de ensino e, particularmente, do ensino de um conteúdo específico, como a Matemática, por exemplo:

> Um aspecto interessante foi quando apareceu o primeiro problema para eles resolverem. Todos estranharam o meu comportamento. Primeiro eu os deixei tentar resolver o problema proposto no texto e depois convidei um aluno para ir ao quadro expor a sua solução para a turma. Em seguida coloquei mais duas soluções no quadro. Todos ficaram espantados e estáticos diante das três soluções. "Qual solução devo copiar?", "Qual a resposta correta?", essas eram as falas dos alunos. Eles estavam presos a um tipo de ensino-aprendizagem em que apenas uma resposta é correta e apenas o professor, possuidor do conhecimento, pode ensinar e mostrar o que é certo e o que é errado. (Professora-monitora B da Área de Matemática)

Além disso, os professores-monitores parecem aprender rapidamente que não se trata apenas de adotar uma postura diferenciada em relação ao ensino, em geral, ou desse ou daquele conteúdo, em particular, mas, ao fazerem isso, trabalharem de maneira que as atividades pedagógicas, e os conhecimentos veiculados por meio delas, tenham algum "sentido" ou "significado" para os alunos.

> Os jovens e adultos, privados de alguma forma do conhecimento escolar, desejam e têm o direito ao conhecimento matemático escolar mas a um conhecimento com significado, ou seja, que faça sentido para o aluno, o que considero ser um dos objetivos essenciais e ao mesmo tempo uma das dificuldades

> principais do ensino de Matemática. (Professora-monitora A da Área de Matemática)

> O mais interessante é quando eu consigo perceber por meio das falas e do semblante dos alunos, que aquela aula teve um sentido, um significado para eles. (Professora-monitora da Área de Expressão Corporal – Educação Física)

Mas, para que isso realmente aconteça, os professores-monitores também aprendem que é essencial envolver os alunos nas atividades em sala de aula, de modo que se tornem sujeitos ativos de seu processo de aprendizagem.

> [...] acredito que um dos desafios de se trabalhar com esse público seja contextualizar o conhecimento escolar de forma a fazer sentido para o aluno, a estimulá-los a trazer seus conhecimentos e compartilhá-los na aula. Por isso, é necessário conhecer o aluno, por meio de suas histórias, suas opiniões sobre os temas a serem trabalhados e confrontá-los com as "verdades científicas", para então estimular uma decisão sobre o assunto e a abertura de um novo olhar. (Professora-monitora C da Área de Ciências da Natureza)

> Busco em minhas aulas envolver os alunos, estimulá-los a trabalharem em grupo, a opinarem sobre determinados assuntos, a discutirem entre si, a argumentarem, a desconstruírem pré-conceitos, a interpretarem o que se lê, entre outras coisas, visando assim desenvolver certas habilidades que julgamos, no PROEF, serem importantes não só para a disciplina de História como para suas vidas em geral. (Professora-monitora A da Área de História)

Para tal, é imprescindível reconhecê-los como sujeitos socioculturais, dotados de saberes e conhecimentos que devem ser levados em consideração durante o planejamento e a execução das aulas, ao mesmo tempo em que devem trabalhar para a construção de relações mais dialógicas, equânimes e não hierarquizadas na sala de aula.

> O trabalho me ajudou a adotar uma postura mais crítica quanto ao papel do professor e o reconhecimento do aluno como sujeito dotado de uma cultura e uma experiência que de forma alguma deve ser menosprezada no espaço escolar. A partir de então, encaro o processo educacional em sala de aula como uma relação de horizontalidade, que preze pelo diálogo. (Professor-monitor C da Área de História)

> Ter convicção de que é possível dialogar com meu aluno faz toda a diferença tanto para construir uma boa aula com eles, até mesmo para entender e auxiliar em questões da sua vida pessoal que a escola não omite, pelo contrário, ela se constitui como um espaço onde os alunos exalam ser seres humanos. E seres humanos dotados de ritmos diferentes, de tempos próprios! (Professora-monitora B da Área de Ciências da Natureza)

> [...] percebi ainda que não basta o diálogo do professor com os seus colegas, o docente precisa ouvir também o aluno, um dos principais sujeitos da sala de aula. O bom andamento das aulas e a participação dos discentes nas atividades que propus ocorreram porque o planejamento tomava por base o aluno, seus conhecimentos, interesses e vivências (Professora-monitora C da Área de Língua Portuguesa)

> O meu papel na construção ou na releitura de saberes desses sujeitos foi mais de mediação e de incentivo, de proporcionar elementos para que os sujeitos da EJA soubessem se localizar nos contextos em que vivem e transformam e identificar em quais contextos são impedidos de se inserir (Professora-monitora A da Área de Geografia)

> Vi outras formas de abordar a matéria desejada, aprendi a trabalhar fazendo um diálogo com outras disciplinas e, principalmente, a mudar o planejamento inicial de acordo com as demandas e as necessidades da turma. (Professora-monitora A da Área de Língua Portuguesa)

Contudo, como se pode ver nas passagens a seguir, é evidente que a construção desse *saber-fazer docente diferenciado* não acontece de maneira simples, fácil e sem o enfrentamento de muitos conflitos, desafios e muitas contradições por parte dos professores-monitores. O reconhecimento desses desafios é também parte do aprender a ser educador da EJA:

> É claro que nem tudo foi perfeito! Durante as aulas, muitos conflitos e dúvidas me faziam em alguns momentos pensar em desistir. [...] Tais situações me faziam refletir como é difícil o papel de um professor. (Professora-monitora A da Área de Ciências da Natureza)

> [...] tive certa dificuldade em repensar o espaço escolar por diversos motivos: um, por estar, pela primeira vez, na posição de professor; segundo, por confrontar a concepção democrática

do conhecimento, em que busco planejar e executar minhas aulas, com a concepção tradicional de conhecimento, em que fui formado durante minha vida escolar como aluno secundarista e, agora, como universitário. (Professor-monitor C da Área de História)

Trabalhar com a EJA foi algo muito novo para mim, mas muito gratificante. No começo achei difícil, até porque quase não se houve dizer em Educação Física para jovens e adultos. Fiquei um pouco insegura em relação ao desenvolvimento do meu trabalho (como fazê-lo?). A partir das orientações e das pesquisas, de conversas com outros professores, fui desvendando uma outra Educação Física específica aos sujeitos envolvidos com a mesma. Até para os alunos que estavam no Projeto, era algo extremamente novo. Muitos deles tinham um pré-conceito em relação à disciplina e nos primeiros dias de aula apresentaram uma certa resistência. Estavam curiosos para saber o que aquela disciplina tinha a lhes oferecer. Seria algo muito parecido com as suas experiências da Educação Física na infância? Ou seria a Educação Física dos jovens e adultos? Qual o significado desta para eles? Para responder a esses questionamentos que eu fiz a mim mesma, me colocando como um desses sujeitos, propus o seguinte: fazer uma construção coletiva (professor e aluno) da Educação Física na EJA, de forma prazerosa considerando assim as experiências, as necessidades, os interesses dos alunos envolvidos. (Professora-monitora da Área de Expressão Corporal – Educação Física)

Nos dois últimos trechos acima, observa-se o relato de dificuldades dos professores-monitores, resultantes da falta de referências, primeiro, em suas trajetórias escolares e acadêmicas, quando o propósito é construir práticas democráticas em sala de aula e, segundo, quando buscam, na educação de jovens e adultos, apoio para o ensino de um conteúdos que estão praticamente ausentes nessa modalidade, como é o caso da Educação Física.

Entre os desafios relatados nos memoriais, houve algumas asserções especificamente voltadas às dificuldades de se desenvolver o trabalho interdisciplinar.

Um dos desafios deste ano foi o trabalho interdisciplinar, que nos obriga a estar sempre atentos àquilo que os colegas estão trabalhando, tentando harmonizar e integrar o trabalho em equipe. (Professora-monitora C da Área de Ciências da Natureza)

> Uma outra dificuldade foi trabalhar interdisciplinarmente, pois era sempre muito difícil envolver a Educação Física dentro do tema dos projetos. (Professora-monitora da Área de Expressão Corporal – Educação Física)

> Ainda temos enfrentado dificuldades na implementação de um trabalho em equipe com os eixos temáticos [...] é necessário o aprofundamento das reflexões que fazemos sobre a relevância [dessa proposta] e de como fazer um trabalho menos disciplinar com temas únicos. (Professora-monitora A da Área de Geografia)

Se, por um lado, o trabalho interdisciplinar foi lembrado pelos professores-monitores, em seus memoriais, em função dos desafios colocados para a prática docente, por outro, houve um grande reconhecimento por parte dos "monitores" quanto aos novos aprendizados adquiridos por meio do envolvimento com essa lógica de se trabalhar e organizar o conhecimento escolar. Devido à relevância dada a esse tema nos memoriais, esse será tratado separadamente no item a seguir.

4. Os aprendizados advindos do envolvimento com o trabalho interdisciplinar

Como mencionado anteriormente, os professores-monitores são desafiados a desenvolver, no PROEF, práticas pedagógicas coletivas e interdisciplinares, o que lhes causa, a princípio, muita surpresa e ansiedade.

> Que novidade! Realizar um planejamento através de um diálogo com outras áreas. Que experiência enriquecedora! (Professora-monitora A da Área de Ciências da Natureza)

> Confesso que, quando procurei o PROEF para trabalhar, a escola que buscava e que imaginava encontrar era aquela mesma escola que os nossos alunos, muitas vezes, buscam quando resolvem voltar a estudar, uma escola voltada para o conteúdo e para as disciplinas. Assim, quando me deparei com esse novo formato de escola, interdisciplinar e temático, tive (e ainda tenho) significativas dificuldades para me adaptar, às vezes me parecia impossível não pensar primeiro a disciplina. (Professor-monitor C da Área de Língua Portuguesa)

Talvez, tal sentimento de surpresa e ansiedade tenha ocorrido em função da novidade que a prática interdisciplinar representa para esses jovens educadores. São recorrentes, nos memoriais, os registros de que a Universidade e os cursos de Licenciatura, em geral, não prepararam, nem orientam, os futuros docentes para esse trabalho, há muito tempo defendido como uma opção metodológica para a educação básica como um todo, incluindo a modalidade voltada para jovens e adultos.

> Não recebemos na universidade nenhum tipo de instrução sobre o trabalho interdisciplinar em sala de aula e nossas experiências pedagógicas anteriores se resumiam a nossas vivências como alunos de escolas, em sua maioria, tradicionais. (Professora-monitora C da Área de Língua Portuguesa)

> Ao chegar no PROEF, deparei-me com uma forma de trabalho que só conhecia na teoria: projetos interdisciplinares ou mesmo transdisciplinares. (Professora-monitora A da Área de Matemática)

Apesar do desafio, das dificuldades e mesmo dos sentimentos de surpresa e angústia, é muito interessante constatar, por meio da análise dos memoriais, que os professores-monitores foram capazes de aprender novas formas de ensinar e de construir conhecimentos específicos sobre a docência interdisciplinar, ou aquilo que denominamos, anteriormente, de *saber-fazer docente diferenciado*.

> A prática que o Projeto adotou de dividir as turmas em temas foi interessante porque uniu o grupo de professores fazendo com que complementássemos o assunto visto em outras aulas. Foi muito enriquecedor o diálogo que estabelecemos entre as matérias, principalmente quando trocávamos pontos de vista sobre algum assunto. (Professora-monitora A da Área de Língua Portuguesa)

> Aprendi que o tema sendo amplo demais corre-se o risco de cada professor em sua disciplina 'atirar para um lado' e, conseqüentemente, a percepção da integralização da relação entre as áreas, se constituir em um trabalho mais complexo para o aluno. Por outro lado, com a delimitação excessiva do tema, corre-se o risco das aulas ficarem maçantes para os alunos. (Professor-monitor C da Área de Língua Portuguesa)

> Os trabalhos com tema me ajudaram a criar uma metodologia diferenciada no ensino da Língua Espanhola, pois além do conteúdo comunicativo e gramatical tive que abordar os temas e desenvolvê-los dentro da língua que inicialmente parecia um desafio. Mas que ao decorrer do trabalho desenvolvido e o

> resultado que isso teve foi de grande satisfação para mim e para meus alunos. (Professora-monitora da Área de Língua Espanhola)

Como se vê, no último trecho acima, a satisfação dos estudantes é usada como evidência empírica para atestar uma "metodologia diferenciada" desenvolvida na área a partir da proposta interdisciplinar. Prestar atenção nos alunos, com mais interesse e profundidade, para orientar melhor as escolhas pedagógicas em sala de aula, parece ser outro aprendizado desenvolvido pelos professores-monitores durante sua participação no PROEF.

> O recorte [do tema] foi dado pela demanda dos próprios alunos, quanto mais eu os ouvia mais meus questionamentos eram resolvidos. [...] Apesar do início do primeiro semestre ter sido tumultuado, ao término deste, nós monitores já nos sentíamos mais bem preparados para o desenvolvimento do trabalho temático na construção de um currículo. (Professor-monitor A da Área de Geografia)
>
> O PROEF mostrou-me que o professor deve planejar suas aulas baseando-se no discente, e não no livro didático. (Professora-monitora C da Área de Língua Portuguesa)
>
> Na prática docente, aprendi a aprofundar meu olhar no aluno, a identificar suas características principais com o objetivo de escolher a melhor forma de trabalhar com ele. (Professora-monitora C da Área de Ciências da Natureza)

Trata-se do desenvolvimento de uma sensibilidade para levar em consideração as especificidades dos alunos da EJA que, pela importância e destaque recebido nos memoriais, será analisado separadamente no próximo item.

5. A construção de uma sensibilidade para o atendimento às especificidades dos alunos da EJA

Uma das primeiras "descobertas" dos professores-monitores, ao iniciarem seu convívio direto com os alunos da EJA, leva à desconstrução de uma imagem romantizada desses sujeitos e à constatação de que, na realidade, se trata de um grupo muito diferenciado e diverso.

> O público da EJA, pelo menos o público do PROEF, é composto por pessoas muito diferentes umas das outras. Temos

> leitores assíduos de jornais e revistas e outros que lêem somente o essencial para seu dia-a-dia; temos trabalhadores que chegam cansadíssimos na sala de aula e que precisam faltar freqüentemente por causa do emprego e donas de casa que arrumam um tempo para estudar em casa; temos pessoas que faltam porque não têm dinheiro para o transporte e outras que vêm à aula de bons carros; temos jovens que estão ali porque o mercado exige e senhoras que estão ali e sonham timidamente em fazer faculdade; temos alunos que parecem tentar extrair do professor o máximo possível porque querem saber muito e outros que pedem para ir com calma o tempo todo; temos alguns que acreditam piamente na figura que está ali na frente, e quando é piada precisamos deixar claro que aquilo não é sério, e outros que freqüentemente nos olham com um meio sorriso de quem pensa "coitado, não sabe nada da vida". (Professora-monitora B da Área de Língua Inglesa)

Se, por um lado, essa diversidade dos sujeitos da EJA é bastante evidente e inegável, por outro, os "monitores" foram capazes também de identificar traços comuns na identidade coletiva e social dessas pessoas que as fazem ser reconhecidas como "alunos da EJA".

> Percebo também que os alunos da EJA têm uma identidade que os diferencia da escolarização regular e essa diferenciação não é apenas a questão da idade, a história desses alunos é quase sempre marcada pela exclusão social. (Professora-monitora D da Área de História)

> [...] foi nesse contato com os alunos do PROEF que comecei a desconstruir e reconstruir a minha visão do papel do professor e o impacto que ele tem nos alunos e principalmente o impacto que os alunos têm no professor, com suas histórias de vida, que têm marcas de identidade parecidas e ao mesmo tempo tão distantes que os definem e diferenciam de outros alunos. (Professora-monitora A da Área de Língua Inglesa)

É por meio dessa convivência com os alunos da EJA e do reconhecimento da existência de marcas identitárias próprias nesses sujeitos, que os diferenciam, por exemplo, de outros alunos da educação básica, que os professores-monitores parecem "desconstruir e reconstruir" a visão que têm de si mesmos como educadores.

> [...] fiquei muito sensibilizado com esse trabalho na Educação de Jovens e Adultos, pois pude refletir que tal trabalho não visa

somente à inserção do aluno no mercado de trabalho, mas prioriza a prática educativa como emergência e fortalecimento do sujeito-aluno, enriquecendo-o, pois esses sujeitos são constituídos de experiências, pensamentos, desejos e afetos. O aluno não mais como passivo no processo histórico, mas como agente consciente de interpretação, criação e transformação. (Professor-monitor B da Área de Expressão Corporal – Teatro).

Relacionar-me com histórias de vida diferentes, com personalidades diversas, com mundo e opiniões diferentes, muito me sensibilizou e então passei a me questionar: o que posso oferecer a esses alunos com a Educação Física? O que esses alunos gostariam de vivenciar nessa disciplina? (Professora-monitora da Área de Expressão Corporal – Educação Física)

A oportunidade de trabalhar com alunos operários da construção civil (pela segunda vez em minha vida) me encheu de um novo conhecimento, de um tipo de vida que eu via muito de uma forma idealista e que agora consigo enxergar melhor. A autonomia que venho percebendo que devo respeitar nos meus alunos, veio da interação que tive com eles, na qual eles me mostraram (sem saber) o quanto são sujeitos de sua própria espacialidade, o quanto são fortes como seres humanos e como classe e como, de fato, do contrário de que muitas pessoas acreditam e querem mostrar, não estou fazendo favor nenhum a esses alunos, muito menos os salvando da escuridão à qual as classes operárias estão condenadas (Professor-monitor C da Área de Geografia)

Até aqui discutimos, por meio da análise dos memoriais, o reconhecimento da importância do PROEF na vida pessoal e profissional dos nossos professores-monitores, as mudanças que o envolvimento com essa experiência formativa trouxe em seus modos de ser-fazer docentes e os aprendizados advindos do contato com o trabalho interdisciplinar e da convivência com os alunos da EJA. A partir de agora, interessa-nos aprofundar, um pouco mais, no modo *como* o PROEF efetivamente contribui para a formação "inicial" de educadores de jovens e adultos.

6. *A construção de uma relação professor-aluno diferenciada*

Uma das primeiras constatações sobre *como* o PROEF contribui para a formação "inicial" de educadores de jovens e adultos está bastante relacionada ao item que acabamos de discutir neste capítulo: a construção de uma sensibilidade para o atendimento das especificidades dos alunos da EJA. Como se pode observar nos trechos desta seção, por propiciar espaços e momentos que exigem um conhecimento mais aprofundado de seus alunos, o projeto auxilia na viabilização, por parte dos docentes, de práticas pedagógicas que levam os professores-monitores a buscar se aproximarem cada vez mais dos alunos, tanto como pessoas, sujeitos socioculturais, como em suas demandas cognitivas. Tais práticas, por sua vez, instigam reflexões que, nas palavras da professora-monitora a seguir, passam a fazer parte da "base do pensamento como docente".

> O contato, professor-aluno, oferecido pelo PROEF é, sem dúvida alguma, uma das experiências que mais marcou minha formação neste espaço. Poder perceber o aluno como um sujeito, pensar em aulas que envolvam esses alunos e que considerem seus conhecimentos é sem dúvida uma das reflexões com a qual me deparei e que hoje está na base de meu pensamento como docente. (Professora-monitora A da Área de História)

É interessante perceber também que a incorporação dessa prática pedagógica, ou, melhor dizendo, desse modo de ser-fazer docente, resultou em uma maior segurança para alguns professores-monitores se posicionarem, pela primeira vez, na condição de docentes.

> [...] fui tendo mais segurança em minha docência à medida que ia compreendendo aqueles sujeitos. Algo que muito se destacou neste processo de aprendizagem é o poder da relação professor-aluno. (Professora-monitora da Área de Expressão Corporal – Educação Física)

> Agora, me sinto segura e à vontade para entrar em sala devido à relação dialógica formada entre a professora de Ciências e os seus alunos. Somente por meio dela pude considerar a riqueza de conhecimento que esses sujeitos nos trazem. O ambiente construído foi o mais aberto possível. Isso facilitou minha prática docente, uma vez que temia ocupar o pedestal de detentora de todos os conhecimentos, pois sabia que aquela não era a minha função. (Professora-monitora A da Área de Ciências da Natureza)

Todos esses questionamentos que os professores-monitores foram capazes de fazer, em seus memoriais, provavelmente estão relacionados à oportunidade que eles tiveram de participar de uma experiência em que a ação e a reflexão são intensamente e intencionalmente incentivadas no PROEF. Como veremos no próximo item, alguns "monitores" também perceberam esse aspecto em suas avaliações da experiência formativa em questão.

7. A relação teoria-prática na formação de educadores

Outro aspecto que apareceu com certa recorrência nos memoriais dos professores-monitores, de 2007, foi a menção sobre a oportunidade que tiveram, durante o período em que cursaram a Licenciatura, de, simultaneamente, envolverem-se com a experiência formativa do PROEF, e, por via de conseqüência, de estabelecerem diálogos profícuos entre a teoria e a prática.

> O PROEF [...] é um espaço que permite casar a teoria com a prática, que mediada pelos coordenadores, nos permite realizar a ação-reflexão-ação. (Professora-monitora A da Área de História).

Além de citar a espiral Lewineana de "ação-reflexão-ação" (DINIZ-PEREIRA; ZEICHNER, 2002), essa "monitora" explicitou, de maneira muito apropriada, em seu memorial, como esse processo, em geral, acontece no projeto.

> Estar o tempo todo em contato com a teoria e com a prática, realizando reflexões a respeito do que venho desenvolvendo nas aulas proporciona minha formação na qual passo a conhecer possibilidades diferentes em se considerar o conhecimento do educando, além de estratégias de como se expor um assunto e envolver o aluno em uma aula que vise a construção coletiva do conhecimento. (Professora-monitora A da Área de História)

Os professores-monitores parecem bastante descontentes com a natureza excessivamente teórica dos cursos de Licenciatura e, em função disso, buscam experiências que lhes propiciem outros aprendizados e lhes permitam um contato direto com a assim chamada "realidade prática".

> Entrei para esta Universidade, no segundo semestre de 2004, no curso de Ciências Sociais. Por se tratar de um curso demasiadamente teórico, sempre me inquietei e busquei, ao longo da minha

jornada acadêmica, desenvolver atividades práticas que me colocassem em contato, diga-se real, com as comunidades fora da universidade, de forma a me proporcionar parâmetros para uma vivência do que eu aprendia na academia. (Professor-monitor C da Área de História)

Além disso, outro aspecto que, segundo os relatos dos professores-monitores em seus memoriais, ajudou consideravelmente na "iniciação à docência" foi simplesmente o fato de serem introduzidos no magistério por meio da educação de jovens e adultos. Esse aspecto será melhor esclarecido a seguir.

8. Uma maneira privilegiada de se iniciar na docência: a EJA

De maneira geral, os professores-monitores demonstraram em seus memoriais que se sentem privilegiados por se iniciarem na docência tendo como primeira experiência o trabalho na educação de jovens e adultos.

> Além de ser divertido, existe uma interação maior com os alunos, as conversas de igual para igual, a liberdade que eles sentem para fazer comentários, críticas. (Professora-monitora C da Área de Ciências da Natureza)

Em outras passagens, os "monitores" também destacaram o fato de os alunos serem adultos e, por isso, supostamente mais responsáveis e mais respeitosos com os professores. Além disso, por freqüentarem a escola porque querem ou sentem necessidade, e não por obrigação, eles podem estabelecer relações "de igual para igual" e receber dos alunos "críticas e comentários" sobre suas aulas de forma positiva.

> Trabalhar com jovens e adultos é mágico, pois estamos diante de pessoas que por algum motivo não tiveram a chance de estudar, mas que voltaram por vontade própria. Eles nos respeitam e gostam da gente. (Professora-monitora A da Área de Ciências da Natureza)

> Trabalhar com EJA foi muito enriquecedor e gratificante. O fato de ser um público diferenciado, de poder ter uma conversa mais adulta com os alunos e também de poder dar um aprofundamento maior nas discussões é muito estimulante. Os limites existem, sim, tais como dificuldades de leitura e de escrita, de

> formular explicações, como em qualquer escola, e também o cansaço, os problemas pessoais que muitas vezes interferem no rendimento do aluno. Mas ver o olhar de interesse dos alunos, a luta pelo estudo, principalmente por não ter um caráter obrigatório, é uma recompensa. (Professora-monitora C da Área de Ciências da Natureza)

> Conhecer e trabalhar na Educação de Jovens e Adultos é extremamente gratificante. Apesar das dificuldades normais que qualquer educador encontra e encontrará em qualquer nível de ensino, a EJA é uma motivadora, pois participar e ser significativo nas vidas de tantos que vêem na oportunidade de voltar a estudar uma forma de melhoria, seja ela pessoal ou profissional, é muito especial. (Professor-monitor D da Área de Ciências da Natureza)

Talvez os professores-monitores utilizaram, neste momento, uma visão essencialista e, até mesmo um pouco romântica, desses sujeitos, esquecendo-se de que a própria estrutura e o funcionamento do PROEF, em que os alunos são considerados sujeitos ativos e co-participantes, não só da proposta política-pedagógica em questão, mas, principalmente, do trabalho de formação dos próprios educadores, faz uma grande diferença.

Passamos, finalmente, a analisar a maneira como os professores-monitores se pronunciaram sobre os diferentes espaços e momentos formativos do PROEF.

9. Os diferentes espaços de formação do PROEF

Em primeiro lugar, os professores-monitores demonstraram em seus memoriais que têm consciência de que a formação de educadores é um dos principais objetivos do PROEF e reconhecem que sua "estrutura organizacional" está também voltada para o cumprimento desse propósito.

> A estrutura organizacional do Projeto tem como um dos seus fundamentos a formação do docente e uma reflexão sobre sua prática. Isso é de grande importância para mim, pois, como já relatado acima, embora tenha tido uma experiência de dois anos antes de entrar no Projeto, não possuía até então nenhum treinamento ou coordenação que me ajudasse a perceber o aluno como um agente e como detentor de um conhecimento que deve ser ouvido e considerado dentro de sala de aula no momento em

que o professor irá buscar construir um conhecimento com seus alunos e não apenas passar informações e conteúdos. Pensar no aluno da EJA como um sujeito com necessidades e possibilidades diferenciadas e buscar centrar-se o conhecimento nesses sujeitos considerando seus conhecimentos prévios sobre os assuntos abordados e suas experiências de vida, foi algo que tive a oportunidade de conhecer, refletir e realizar aqui no PROEF devido aos espaços destinados a formação docente que, sem dúvida alguma, julgo que foi, e está sendo, muito importante para minha formação. (Professora-monitora A da Área de História)

Oportunidade, talvez única para o resto da carreira docente, que se encontra ao participar do PROEF, é a orientação pedagógica e os espaços coletivos existentes. (Professor-monitor D da Área de Ciências da Natureza)

Como se pode observar acima, os professores-monitores destacaram a orientação pedagógica recebida e os espaços coletivos do PROEF como fundamentais para a construção dessa "oportunidade, talvez única" na carreira docente. Discutiremos, então, o modo como os docentes perceberam os diferentes espaços coletivos do projeto.

Às *reuniões de turma*, em que professores-monitores de diferentes área do conhecimento e que trabalham com as mesmas turmas se encontram, semanalmente, para planejar e discutir temas em comum, são atribuídas relevâncias referentes ao apoio para o desenvolvimento das atividades interdisciplinares bem como ao conhecimento e acompanhamento dos alunos.

As reuniões de turma [...] possibilitam trocas de diferentes formas de "olhar" a sala de aula e a tentativa de se criar uma forma interdisciplinar de lidar com os conteúdos. Nessas reuniões, definimos os temas a serem abordados, a forma de introduzi-los e as idéias que os perpassam. (Professora-monitora B da Área de Geografia)

A reunião de turma se configura como um importante espaço em minha formação, já que nele os professores discutem assuntos referentes aos alunos. É este também um espaço de discussão para trabalhos interdisciplinares no que se refere à temática abordada, o que permite o desenvolvimento de trabalhos em equipe. (Professora-monitora A da Área de História)

[...] o quanto foram válidas as nossas reuniões semanais, quando eu me encontrava com a minha equipe e discutia os problemas que, muitas vezes, não conseguiria resolver sozinha. (Professora-monitora B da Área de História)

Assim como as reuniões de turma, as *reuniões de área* também cumprem um papel de apoio importante para a prática pedagógica em sala de aula. Por meio delas, "monitores" foram capazes de questionar algumas visões convencionais de ensino e repensar modelos tradicionais de escola.

> A reunião de área [...] possibilita que eu seja orientada e de certa forma conduzida a refletir sobre o que venho desenvolvendo em sala de aula com meus alunos e o que posso fazer para um melhor desenvolvimento de certas habilidades destes. Além de poder conhecer as práticas de meus colegas e tirar dali experiências bem ou mal sucedidas e promover uma reflexão conjunta a respeito de tais práticas. (Professora-monitora A da Área de História)

> [...] a própria idéia da prática docente como uma prática de transmissão de conhecimento foi questionada ao longo da minha formação no Projeto. As reuniões de área [...] auxiliaram-me a repensar o modelo de escola que atenda às necessidades dos alunos de EJA que, até então, eu concebia apenas a partir do lugar do aluno. (Professor-monitor C da Área de História)

Os questionamentos sobre as concepções de ensino, as práticas pedagógicas e os modelos de escola também foram considerados, pelos professores-monitores, em seus memoriais, como conseqüência de sua participação nas *atividades formativas das sextas-feiras*.

> As formações de sexta-feira [...] me proporcionaram [...] uma revisão dos meus conceitos de escola, professor, aluno, currículo, dentre outros. Minha sensação de insegurança foi aos poucos sendo superada com meus relatos do trabalho que desenvolvia em sala de aula, as respostas dos professores-coordenadores às minhas práticas, as críticas etc. (Professor-monitor C da Área de História).

> A partir dos espaços de formação oferecidos pelo Projeto é que venho realizando e aprimorando tais reflexões que dizem respeito a minha prática pedagógica e minha formação docente. (Professora-monitora A da Área de História).

> As reuniões que acontecem mensalmente com os coordenadores, professores-monitores, alunos representantes de turma foram importantes na contribuição de minha formação como

arte-educador, pois construíamos coletivamente reflexões a respeito das práticas educacionais. Dessa forma, tínhamos um espaço amplo para discutir o próprio Projeto e os eventuais problemas enfrentados... (Professor-monitor B da Área de Expressão Corporal – Teatro).

Na verdade, fica evidente que os diferentes espaços coletivos do PROEF – as reuniões de turma, as reuniões de área e as atividades de formação das sextas-feiras – atuam juntos tanto para efetivar a implantação da proposta político-pedagógica em questão como para desenvolver o seu propósito de formação de educadores de jovens e adultos.

Considerações finais

Procuramos apresentar, neste capítulo, uma discussão sobre alguns elementos que se fazem presentes durante o complexo processo de aprender a ser educador de jovens e adultos e que surgiram com base na análise dos memoriais dos professores-monitores que participaram do PROEF, no ano de 2007. Ao fazer isso, discutimos também alguns aspectos sobre *o que* e *como* o projeto contribui para a formação "inicial" de educadores de jovens e adultos.

Percebemos, por meio da análise dos memoriais, o reconhecimento da importância do PROEF nas trajetórias pessoais e profissionais dos "monitores", as mudanças que o envolvimento com essa experiência formativa trouxeram em seus modos de ser-fazer docentes e os aprendizados advindos do contato com o trabalho interdisciplinar e da convivência com os alunos da EJA.

Além disso, evidenciamos a maneira como tais mudanças e tais aprendizados acontecem, a partir do envolvimento dos "monitores" com o projeto, por meio da construção de uma relação professor-aluno diferenciada, de uma profícua relação teoria-prática, da EJA como espaço privilegiado de "iniciação à docência" e, finalmente, da importância atribuída aos diferentes espaços coletivos e de formação do PROEF.

Esperamos, assim, ter contribuído com a discussão de uma temática ainda pouco explorada e tão carente de pesquisas e estudos sistematizados como a da formação "inicial" de educadores de jovens e adultos.

Referências

BARDIN, L. *Análise de conteúdo*. Lisboa: Setenta, 1979.

DINIZ-PEREIRA, J. E. A formação acadêmico-profissional: compartilhando responsabilidades entre universidades e escolas. In: ENCONTRO NACIONAL DE DIDÁTICA E PRÁTICA DE ENSINO (ENDIPE), 14, 2008, Porto Alegre. *Anais eletrônicos...*, p. 1-12, 2008. CD-ROM.

DINIZ-PEREIRA, J. E. et al. Os que ensinam aprendem. A construção de elementos de uma identidade docente a partir de uma experiência de formação inicial de educadores/as de pessoas jovens e adultas. In: ENCONTRO NACIONAL DE DIDÁTICA E PRÁTICA DE ENSINO (ENDIPE), 10, 2000, Rio de Janeiro, *Anais eletrônicos...*, p. 1-15, 2000. CD-ROM.

DINIZ-PEREIRA, J. E.; FONSECA, M. C. F. R. Identidade docente e formação de educadores de jovens e adultos. *Educação & Realidade*, Porto Alegre, v. 26, n. 2, p. 1-28, 2001.

DINIZ-PEREIRA, J. E.; ZEICHNER, K. M. *A pesquisa na formação e no trabalho docente*. Belo Horizonte: Autêntica, 2002.

FREIRE, P. *Pedagogia do Oprimido*. Rio de Janeiro: Paz e Terra, 1971.

Capítulo 4
Diversidade étnico-racial e formação continuada de professores(as) da Educação Básica: desafios enfrentados pelo Programa Ações Afirmativas na UFMG

Nilma Lino Gomes

A experiência do Programa Ações Afirmativas na UFMG com a formação continuada de professores(as) da Educação Básica para a diversidade étnico-racial não pode ser narrada somente a partir de dentro, ou seja, de um discurso que privilegie, em primeiro plano, a descrição e atuação do próprio Programa na formação dos docentes da Educação Básica. Trata-se de um contexto mais amplo e mais profundo que se refere ao debate e as práticas de ações afirmativas em curso, no Brasil.

Podemos dizer que, atualmente, a discussão sobre educação e diversidade cultural tem encontrado um espaço maior no campo de estudos sobre formação de professores e professoras no Brasil. Tal inserção aponta uma possível inflexão nas pesquisas educacionais na tentativa de melhor compreender o processo educativo que, a partir dos anos 1990, começam a considerar com mais seriedade outras dimensões e categorias para além dos aspectos socioeconômicos. Mas não somente isso. Essa situação deve-se, entre outros fatores, à pressão dos movimentos sociais de caráter identitário sobre o campo da produção acadêmica: negros, indígenas, mulheres, homossexuais, etc.

Aos poucos, pesquisadores e pesquisadoras oriundos de diferentes grupos sociais e étnico-raciais e/ou comprometidos com esses setores sociais começam a se inserir de maneira mais significativa nas diferentes universidades do País, sobretudo, as públicas, e desencadeiam um outro tipo de produção do conhecimento. Um conhecimento realizado "por" esses sujeitos que, ao desenvolverem suas pesquisas, privilegiam a parceria "com" os movimentos sociais e extrapolam a tendência ainda hegemônica no campo das ciências humanas e sociais de produzir conhecimento "sobre" os movimentos e os seus sujeitos.

Entre os(as) pesquisadores(as) que inauguram essa nova fase na produção de um conhecimento articulado às suas vivências nos (e com) os movimentos sociais, alguns passaram a ocupar lugar de destaque no cenário educacional local e nacional, nas associações de pesquisa de caráter educacional, na formação de professores, nas secretarias estaduais, municipais e no Ministério da Educação.

No entanto, o lugar ocupado por esses intelectuais ainda não é hegemônico no campo educacional. A temática da diversidade cultural e suas múltiplas dimensões ainda são vistas com sérias resistências e como um epifenômeno do processo educacional quando comparadas com a questão das desigualdades sociais e econômicas. O desafio está não somente na abertura de um olhar que enxergue a realidade social para além do socioeconômico a fim de compreender o peso da cultura, das dimensões simbólicas, da discriminação, do preconceito, das desigualdades racial, de gênero e de orientação sexual na vida dos sujeitos da educação. Tal desafio está, também, no entendimento de que não há como hierarquizar desigualdades. Ou seja, toda e qualquer forma de desigualdade precisa ser superada. Estamos diante do momento de entender as imbricações das dimensões socioeconômicas, culturais e políticas, e não de hierarquizá-las.

O papel desses intelectuais engajados tem sido, nesse contexto, indagar a produção do conhecimento acadêmico e o lugar ocupado pelo "outro", pelo diferente e pelas diferenças. Ao realizar essa indagação, eles se colocam como sujeitos políticos que questionam a relação entre a universidade, a ciência e a distribuição desigual do conhecimento na sociedade brasileira. Uma desigualdade que extrapola as fronteiras regionais e que possui aspectos étnico-raciais, de gênero, de orientação sexual e de idade. Trazem também a reflexão de que uma sociedade e uma universidade que se pretendem democráticas são reconhecidas não apenas pela sua grande contribuição teórica para o campo da produção do conhecimento e pelo avanço tecnológico que conseguem provocar na sociedade, mas também pela sua capacidade de se colocar diante dos problemas e demandas sociais do seu tempo e gerar conhecimento e ações que impulsionem a sociedade a se democratizar cada vez mais. Uma democracia que não se perca na construção de uma cidadania abstrata, mas sim na efetivação da igualdade de direitos e, entre esses, o direito à diferença.

O racismo e a desigualdade racial que, lamentavelmente, ainda persistem no Brasil são exemplos de como o nosso País, a despeito da intensa diversidade cultural e da propalada miscigenação racial, ainda precisa avançar. Esse é um dos temas trazidos para o campo educacional por um grupo de intelectuais engajados, que extrapolam os limites da militância política e produzem conhecimento sobre a realidade étnico-racial. Embora possamos concordar que tal temática já existia nos círculos intelectuais, ponderamos que a partir de meados da década de 1990 ela passa a assumir uma especificidade no campo do conhecimento acadêmico: começa a ser mais tematizada e discutida pelos próprios negros como pesquisadores e intelectuais. Não mais apenas o olhar do "outro", do intelectual branco comprometido com a luta anti-racista, mas, sobretudo, o olhar analítico do próprio negro como intelectual e pesquisador da temática racial. Esse novo intelectual, que passa a entrar quantitativa e qualitativamente no cenário acadêmico das ciências sociais e humanas no Brasil, é marcado não só pelo estudo e olhar crítico e analítico sobre o fenômeno do racismo e das desigualdades raciais, mas, também, pela vivência pessoal dos mesmos, até mesmo nos meios acadêmicos.

Essa inserção, sem dúvida, traz tensões. Enriquece e problematiza as análises até então construídas sobre o negro e as relações raciais no Brasil, ameaça territórios historicamente demarcados dentro do campo das ciências sociais e humanas no que se refere a esses estudos, traz elementos novos de análise e novas brigas nos espaços de poder acadêmico. Os intelectuais negros que assumem esse papel político e acadêmico não se contentam somente em produzir conhecimento sobre a realidade racial nas mais diversas áreas. Enquanto produzem conhecimento sobre desigualdades e diferença, eles também se inserem politicamente na luta anti-racista e desafiam a universidade e os órgãos do Estado a implementarem políticas anti-racistas. Uma produção do conhecimento contaminada pelo próprio sujeito? Talvez. Essa é a interpretação mais fácil. Prefiro pensar que é uma produção do conhecimento que não tem receio de explicitar a "contaminação" presente em toda e qualquer escolha de pesquisa e prefere assumir publicamente o caráter político da universidade e do conhecimento, sobretudo, em uma sociedade marcada pelas mais diversas formas de desigualdade.

Se algumas pessoas ainda têm dúvida do compromisso social da universidade pública da atualidade para com os setores dela excluídos, sobretudo os negros, não há como negar tal compromisso ao passarmos em revista a história. Não podemos nos esquecer de que foi no contexto acadêmico do final do século XIX e início do século XX que os "homens de ciência" ajudaram a produzir teorias raciais que, naquele momento, atestavam a existência de uma suposta inferioridade e superioridade racial. A ciência serviu, naquele momento, como um instrumento de dominação, discriminação e racismo. No decorrer do processo histórico, tais teorias foram derrubadas, superadas e condenadas nos meios intelectuais e na realidade social, mas isso não isenta os prejuízos sociais e o imaginário racista que elas ajudaram a reforçar e a produzir, principalmente, na trajetória dos grupos étnico-raciais sobre os quais elas incidiram. Tais resultados afetaram não somente o campo da produção intelectual e a sociedade de um modo geral, mas, também, de maneira específica, a vida e as trajetórias de crianças, adolescentes, jovens e adultos negros e negras, inclusive, na educação.

Portanto, hoje, para além do compromisso social e intelectual com a produção de um conhecimento que reconheça e discuta de forma séria a nossa intensa diversidade cultural (e que tenha dentro dela a presença do segmento negro da população), a universidade deve se pautar no compromisso ético para com os grupos sociais e étnico-raciais que ela mesma ajudou a excluir durante anos. O Estado também não está livre desse processo. Enquanto teorias raciais eram formuladas nos setores acadêmicos, a ausência de políticas públicas que incluíssem os ditos "diversos" também foi a tônica da ação do Estado brasileiro durante anos.

IMBRICAÇÃO DE DESIGUALDADES

Podemos dizer que somente a partir do terceiro milênio é que a questão racial começa realmente a ocupar um outro lugar de destaque – ainda com limites e com resistências – na pauta do Estado brasileiro. Esse processo é fruto das mudanças da dinâmica social do Brasil e da América Latina e, como já foi dito, tem no Movimento Negro, nos intelectuais negros engajados na luta anti-racista e em seus demais aliados os principais atores sociopolíticos.

Embora algumas políticas de combate ao racismo já tenham sido implementadas no Brasil ainda há muito que fazer para a superação do persistente quadro de desigualdade racial. Essa é uma afirmação comum de vários estudiosos da questão racial no Brasil, tais como Hasenbalg e Silva (1999), Guimarães (1999), Henriques (2001), Silvério (2002), Paixão (2006), Gomes (2007) e outros.

Os trabalhos do Instituto de Pesquisa Econômica Aplicada (IPEA) revelam o impacto do racismo nas condições de vida da população negra brasileira. Esses estudos ajudam a desvelar o mito da democracia racial ao apontar que os negros (pretos e pardos) representam 45% da população brasileira, mas correspondem a cerca de 65% da população pobre e 70% da população de extrema pobreza. Os brancos que representam 54% da população total correspondem a somente 35% dos pobres e 30% dos extremamente pobres (HENRIQUES, 2003).

Mas o que esses dados querem dizer? Que há aqui um problema de classe? Sim. Porém, eles revelam muito mais. De acordo com Henriques "[...] a pobreza no Brasil tem cor. A pobreza no Brasil é negra... Nascer negro no Brasil está relacionado a uma maior probabilidade de crescer pobre. A população negra concentra-se no segmento de menor renda *per capita* da distribuição de renda do país" (2002, p. 27).

A imbricação entre as desigualdades sociais e raciais e a necessidade de uma justiça distributiva que supere o racismo e a discriminação racial, constatadas pelas pesquisas oficiais, sempre foram alertadas pelo Movimento Negro. Nesse percurso, a crença na capacidade de construção da igualdade social e racial somente pela adoção de políticas universais é questionada. Entram em cena, no Brasil, as políticas de ações afirmativas voltadas para negros.

Os resultados da III Conferência Mundial de Combate ao Racismo, Discriminação Racial, Xenofobia e Intolerância Correlata, realizada de 31 de agosto a 8 de setembro de 2001, em Durban, na África do Sul, e o posicionamento do governo brasileiro à época, declarando pública e internacionalmente o seu compromisso com a implementação de ações afirmativas de combate ao racismo e à desigualdade racial causaram mudanças e inflexões nos rumos da história dos negros no Brasil, nas políticas públicas, nas análises sobre as desigualdades e na produção do conhecimento.

O Brasil, assim como os demais países presentes nessa Conferência, é signatário da Declaração e do Programa de Ação adotado nesse encontro a qual explicita, em seu texto, o acordo e o compromisso de combate ao racismo, xenofobia e formas correlatas de discriminação. Vale destacar alguns trechos desse documento no que se refere às políticas orientadas à adoção de medidas e planos de ação, incluindo ações afirmativas para assegurar a não-discriminação relativa, especialmente, ao acesso aos serviços sociais, ao emprego, à moradia, à educação, à atenção à saúde, etc.:

> 99. *Reconhece que o combate ao racismo, discriminação racial, xenofobia e intolerância correlata é responsabilidade primordial dos Estados. Portanto, incentiva os Estados a desenvolverem e elaborarem planos de ação nacionais para promover a diversidade, igualdade, eqüidade, justiça social, igualdade de oportunidades e participação para todos através, dentre outras coisas, de ações e de estratégias afirmativas ou positivas.* Estes planos devem visar a criação de condições necessárias para a participação efetiva de todos nas tomadas de decisão e o exercício dos direitos civis, culturais, econômicos, políticos e sociais em todas as esferas da vida com base na não discriminação. A Conferência Mundial incentiva os Estados que estão desenvolvendo e elaborando tais planos de ação a estabelecer e reforçar o diálogo com organizações não-governamentais, para que elas sejam intimamente envolvidas na formulação, implementação e avaliação de políticas e de programas; (grifo nosso)

> 100. *Insta os Estados a estabelecer, com base em informações estatísticas, programas nacionais, incluindo medidas positivas ou afirmativas para promover o acesso aos serviços sociais básicos, incluindo educação fundamental,* serviços básicos de saúde e moradia adequada por parte de grupos de indivíduos que são ou podem vir a ser vítimas de discriminação racial; (grifo nosso)

> 136 – *Convoca os Estados a assegurar que a educação e a capacitação, especialmente a capacitação para professores, promova o respeito pelos direitos humanos e pela luta contra o racismo, discriminação racial, xenofobia e intolerância correlata, e que as instituições educacionais implementem políticas de igualdade de oportunidades em parceria com as autoridades pertinentes, e programas sobre igualdade entre os gêneros, diversidade cultural, religiosa e outros, com a participação de professores,*

> *pais, mães e alunos que acompanhem sua implementação*. Recomenda-se, ainda, a todos os educadores, incluindo professores em todos os níveis de educação, as comunidades religiosas e a mídia impressa e eletrônica, a desempenharem um papel efetivo na educação em direitos humanos, inclusive como meio de combater o racismo, discriminação racial, xenofobia e intolerância correlata; (grifo nosso)

A educação anti-racista e a inserção de negros no Ensino Superior, entendidas como alguns dos eixos das ações afirmativas, ganham mais destaque a partir da Conferência de Durban. A partir de então, o conceito de ações afirmativas começa a ser incorporado de maneira mais sistemática na gramática política, acadêmica, jurídica e educacional brasileira. As ações afirmativas consistem, portanto, em políticas e práticas públicas e privadas, de caráter compulsório ou facultativo, que visam corrigir desigualdades historicamente impostas a determinados grupos sociais. Elas não se limitam aos negros. Incluem as mulheres, os indígenas, os homossexuais, as pessoas com deficiência e tantos outros grupos cujos direitos sociais têm sido negados em função do tratamento discriminatório e excludente dado à suas diferenças. Em relação ao Estado, tais políticas implicam uma ação que supere a neutralidade estatal na formulação e implementação de políticas públicas levando em consideração a imbricação entre diversidade e desigualdades.

A demanda por ações afirmativas pode ser compreendida, portanto, como um processo de reinterpretação cultural e política da situação do negro no Brasil produzido no contexto das lutas contra-hegemônicas latino-americanas do 3º milênio. Ao reivindicar tais políticas, o Movimento Negro e demais aliados da luta anti-racista desencadeiam um processo político mais profundo que vem somar à luta pela igualdade racial. Ele coloca em pauta a luta pelo trato democrático, de fato, do tão propalado direito à diferença. Nem que para isso o Estado, a universidade e o mercado de trabalho tenham que implementar políticas e práticas que tratem "desigualmente os desiguais". No entanto, nem sempre a especificidade dessa reivindicação tem sido reconhecida.

As ações afirmativas questionam a noção de cidadania produzida no contexto do racismo e do mito da democracia racial, desvelando a sua capacidade de produzir uma espécie de miopia cultural e política que invisibiliza e silencia sobre as desigualdades raciais. De acordo com Ricardo Henriques,

> Desigualdade decorrente de um acordo social que não reconhece a cidadania para todos. A cidadania dos incluídos é distinta dos excluídos e, em decorrência, também são distintos os direitos, as oportunidades e os horizontes de tempo e espaço. Cidadãos de primeira classe e cidadãos de segunda classe encarando a desigualdade como um fenômeno natural e incontornável. (2003, p. 14)

O Programa ações afirmativas na UFMG e a emergência dos NEABs

É nesse contexto social e político complexo e tenso que emergem e/ou se fortalecem os Núcleos de Estudos Afro-brasileiros (NEABs) no interior das universidades públicas (e algumas privadas) brasileiras. São núcleos compostos de pesquisadores e pesquisadoras, na maioria negros, que tematizam a diversidade étnico-racial e realizam ações de ensino, pesquisa e extensão voltados para a mesma. Esses núcleos, apesar de nem sempre ocuparem lugares hegemônicos no interior das universidades onde estão localizados possuem uma atuação que se traduz na produção de um conhecimento politicamente posicionado. A questão étnico-racial não é considerada pelos pesquisadores que os integram apenas como mais um tema de pesquisa, mas sim como uma questão social, política e de pesquisa que demanda da universidade a produção de novos conhecimentos, e do Estado, novas formas intervenção na luta anti-racista. A produção acadêmica e política dos NEABs questiona a visão de conhecimento científico desconectada da realidade social e política do País e das demandas colocadas pelos movimentos sociais e diferentes setores da sociedade.

O Programa *Ações Afirmativas na UFMG* localiza-se nesse contexto. Trata-se de um grupo de pesquisadores(as) negros(as) e brancos(as) articulados em torno de uma proposta de extensão, ensino e pesquisa que tem como temáticas: educação, relações étnico/raciais, cultura, políticas públicas e formação de professores para a diversidade.[1]

---

[1] O Programa tem realizado várias parcerias no interior da universidade e fora dela, desde o ano de 2002. Dentre essas, destacamos: o Programa Políticas da Cor (LPP/UERJ), a Pró-reitoria de Extensão da UFMG, o Observatório da Juventude da UFMG, o NEJA – Núcleo

O Programa existe há cinco anos na UFMG, sediado na Faculdade de Educação, e possui um perfil interdepartamental, interunidade e interdisciplinar. Congrega 15 docentes de três unidades: Faculdade de Educação, Escola de Ciência da Informação e Escola de Ensino Fundamental do Centro Pedagógico da UFMG. Insere, ainda, alunos de graduação e de pós-graduação oriundos de diferentes áreas do conhecimento dessa mesma universidade.

Desde o ano de 2002, o Ações Afirmativas na UFMG vem implementando políticas e práticas de permanência bem sucedida na universidade voltadas para jovens negros(as), sobretudo os de baixa renda, regularmente matriculados(as) nos cursos de graduação da UFMG. Visa oferecer-lhes instrumental que lhes possibilite a permanência bem sucedida na universidade, a entrada na pós-graduação e, simultaneamente, propiciar-lhes a ampliação da compreensão da questão racial na sociedade brasileira com base em uma proposta pedagógica voltada para valorização da cultura negra.

Esse objetivo geral tem sido alcançado mediante a inserção de graduandos(as) negros(as) como bolsistas de pesquisa, de extensão e socioeducacionais nos diferentes projetos e atividades desenvolvidos pelo Programa, tais como: pesquisa, extensão, publicação, cursos complementares, seminários, debates, formação de professores da educação básica, contatos com o movimento social, entre outros. Essa inserção tem lhes possibilitado o fortalecimento da sua formação acadêmica, a discussão de temas sociais caros à sociedade brasileira, o aprofundamento da sua capacidade de análise crítica, o melhor desempenho na sua área específica do conhecimento, o contato com as escolas de educação básica e com a comunidade fora da universidade, assim como a entrada na pós-graduação.[2]

É importante enfatizar que as atividades não se restringem aos alunos negros. Estes se constituem o público privilegiado da proposta e são os que têm prioridade na realização de algumas atividades.

---

de Educação de Jovens e Adultos da FAE/UFMG, o NEIA - Núcleo de Estudos Interdisciplinares da Alteridade da FALE/LETRAS, a Secretaria Municipal de Educação de Belo Horizonte, a Fundação Cultural Palmares e a Fundação Universitária Mendes Pimentel.

[2] Desde 2002, entre os jovens atendidos pelo Programa, sete alunos(as) entraram em diferentes cursos de pós-graduação da UFMG e em outras universidades dentro e fora do País. Dois deles, inclusive, foram selecionados pelo Programa Internacional de Bolsas de Pós-Graduação da Fundação Ford (2005-2006 e 2006-2007).

Todas as demais atividades são abertas aos alunos e às alunas, de diferentes níveis socioeconômicos e pertencimentos étnico/raciais que se mostrem interessados em participar das ações realizadas pelo Programa, tais como: ciclos de debates, palestras, seminários e cursos.

Essa experiência tem sido registrada, desde o ano de 2002, em artigos, livros, vídeos, congressos e seminários nacionais e internacionais por meio dos bolsistas de extensão, pesquisa, socioeducacionais e da equipe de professores(as) e alunos de pós-graduação.[3]

Por mais que possamos enumerar as atividades realizadas pelo Programa, o mais importante a ser destacado nesse percurso é o investimento no fortalecimento acadêmico e político dos(as) bolsistas. São os jovens e as jovens do Ações os principais sujeitos para os quais os objetivos e as atividades do Programa estão voltados. Acredita-se que as ações afirmativas na universidade pública e na sociedade de um modo geral necessitem ser acompanhadas de dois tipos de procedimento: ampliação e garantia do acesso como um direito aos grupos sociais com histórico de discriminação e exclusão e a construção efetiva da permanência dos sujeitos pertencentes a esses grupos.

---

[3] Entre as publicações realizadas, citamos quatro livros: Afirmando Direitos: acesso e permanência de jovens negros na universidade, Belo Horizonte, Autêntica, 2004; Tempos de lutas: as ações afirmativas no contexto brasileiro, Brasília, MEC/SECAD; 2006; Identidades e Corporeidades Negras – reflexões sobre uma experiência de formação de professores para a diversidade, Belo Horizonte: Autêntica, 2006 e Memórias e percursos de estudantes negros e negras na UFMG, Belo Horizonte: Autêntica, 2006. Estes dois últimos contaram com o recurso recebido pela aprovação no edital UNIAFRO I, MEC/SESSU/SECAD. No ano de 2008 o Programa publicou mais um livro Literaturas Africanas e Afro-brasileiras na prática pedagógica, Belo Horizonte: Autêntica, 2008 e tem outro no prelo: Memórias e percursos de professores negros da UFMG, ambos com recurso do edital UNIAFRO II. O Programa também produziu nos anos de 2004 um vídeo institucional dentro do projeto "Ciclos de Debates e Produção Documental", de 40 min., intitulado: Ações Afirmativas: entre o projeto e o gesto, coordenado pela profa. Maria Aparecida Moura e bolsistas de extensão. No ano de 2006 foram produzidos mais dois vídeos: Se eles soubessem (os jovens e a lei 10.639/03) e EIHÁ – Memória e infância no reino do Congo do Aglomerado Santa Lúcia (apoio UNIAFRO/MEC/SESU/SECAD). Cabe destacar, também, algumas premiações: a) "Projeto Identidades e Corporeidades Negras – Oficinas Culturais" (2004), como um dos 10 premiados na categoria Educação, durante o Fórum Nacional de Extensão e Ação Comunitária das Universidades e Instituições de Ensino Superior Comunitárias, realizado na UFMG; b) Pesquisa "Formando Professores(as) da Educação Básica para a Diversidade" durante a Semana de Iniciação Científica da UFMG, menção honrosa pelo reconhecimento como uma das melhores pesquisas na área de Ciências Humanas (2004); c) Projeto de extensão " Uma experiência bem sucedida de permanência da alunos negros no Projeto: Memórias da Infância no Aglomerado Santa Lúcia- BH/MG", na semana de Extensão da UFMG (2006).

Nessa perspectiva, a dupla *acesso e permanência* é entendida como aprofundamento dos direitos sociais e da cidadania. Isso é o que possibilita a efetivação da radicalidade política presente nas propostas de ações afirmativas realizadas no Brasil e em outros países do mundo e explicitada na Declaração de Durban, anteriormente citada. Dessa forma, as ações afirmativas deverão atingir o mercado de trabalho, a educação básica, o ensino superior, a mídia e demais setores nos quais a exclusão da diferença e dos diferentes se faça notada instando-nos a construir, efetivamente, a garantia dos direitos sociais articulada com o direito à diferença.

Podemos dizer que é também intenção do Programa Ações Afirmativas na UFMG possibilitar a formação de novas gerações que se pautem em subjetividades inconformistas e democráticas (SANTOS, 1996) e que, por meio destas, posicionem-se contra as desigualdades sociais, raciais e de gênero. Esses sujeitos, movidos por essas novas subjetividades, poderão se tornar futuros quadros intelectuais e políticos negros em nosso País.

Coerente com as discussões anteriormente apresentadas, o Programa Ações Afirmativas na UFMG acredita que é de responsabilidade da educação pública apontar novos caminhos para a superação do racismo e da discriminação racial, fortalecendo a democracia e a cidadania plena, sobretudo através da formação de cidadãos conscientes de seus direitos e deveres sociais. Nessa perspectiva, todos os níveis de ensino estão implicados na rediscussão da questão racial e na realização de projetos, currículos e práticas anti-racistas. É nessa perspectiva que, no ano de 2003, o Programa iniciou o trabalho com a formação de professores(as) da educação básica para a diversidade étnico-racial, o qual será narrado a seguir.

A FORMAÇÃO CONTINUADA DE PROFESSORES PARA A DIVERSIDADE E O PROGRAMA AÇÕES AFIRMATIVAS[4]

Como se trata de um programa sediado na Faculdade de Educação, cuja maioria dos integrantes atua nessa área,[5] o Ações Afirmativas

---

[4] Algumas discussões apresentadas nessa parte do texto constam da publicação: GOMES *et al*. *Identidades e Corporeidades Negras: uma experiência de formação de professores(as) para a diversidade*. Belo Horizonte: Autêntica, 2006.

[5] De um modo geral, participaram dos projetos de formação de professores para a diversidade desenvolvido pelo Programa Ações Afirmativas na UFMG, durante os anos de 2003, 2004, 2005, 2006, os alunos da graduação e pós-graduação: Cynthia Adriadne Santos

não poderia deixar de lado o investimento na formação continuada de professores para a diversidade étnico-racial. O compromisso com a educação básica pública se torna, portanto, uma das linhas de ação do Programa, sobretudo, em tempos da Lei 11.645/08, que tornou obrigatório o ensino de história da África e das culturas afro-brasileiras e indígenas nas escolas da Educação Básica.

Desde o ano de 2003, o Programa vem desenvolvendo várias ações de formação continuada de professores(as) voltada para a diversidade étnico-racial, dentre as quais destacamos: o projeto de extensão Identidades e Corporeidades Negras 1ª e 2ª fases (2003 e 2004), o I e o II Curso de Aperfeiçoamento em História da África e das Culturas Afro-brasileiras (2005, 2006, 2007), duas turmas de História da África e Cultura Afro-Brasileira, no contexto do Programa de Pósgraduação Especialização *Lato Sensu* em Docência na Educação Básica – FaE/UFMG (2006, 2007 e 2008).[6]

Nesse processo, há muito que falar, refletir e avaliar. Nos limites desse artigo, optamos pela reflexão da nossa experiência inicial, o Projeto de Extensão Identidades e Corporeidades Negras – 1ª fase (2003). Esse projeto, devido ao seu caráter pioneiro nas iniciativas de formação continuada de docentes da Educação Básica para a diversidade étnico-racial, tanto na UFMG quanto no próprio Programa Ações

---

(FAE/UFMG), Fabíola Cristina Santos Costa (FAE/UFMG), Fernanda Silva de Oliveira (FAE/UFMG), Gisele Miné (IGC/UFMG), Heloiza Helena da Costa (FAE/UFMG), Jairza Fernandes da Rocha (IGC/UFMG), Kelly Cristina Cândida de Souza (FAE/UFMG), Natalino Neves da Silva (FAE/UFMG), Shirley de Jesus Ferreira (ECI/UFMG), Shirley Pereira Raimundo (FAE/UFMG), Tatiane Izabela dos Reis (FAE/UFMG). Participaram também os professores e professoras: Adriana Pagano (FALE/UFMG), Aracy Alves Martins (FAE/UFMG), Célia Magalhães (FALE/UFMG), Claudio Emanoel dos Santos (CP/UFMG), Elânia de Oliveira (CP/UFMG), Luiz Carlos Felizardo Junior (FAE/UFMG), Luiz Carlos Felizardo Junior (FAE/UFMG), Rildo Cosson (Câmara dos Deputados – CEFOR) e Vanda Lúcia Praxedes (FAFICH/UFMG).

[6] A avaliação, os avanços e os limites do projeto de extensão "Identidades e Corporeidades Negras – Oficinas Culturais" realizado nos anos 2003 e 2004, levaram a equipe do Programa Ações Afirmativas na UFMG a uma redefinição e ampliação do trabalho com a formação de professores para a diversidade. Assim, nos anos 2005, 2006 e 2007, o projeto de extensão foi transformado em dois cursos de aperfeiçoamento de 180 horas, na perspectiva da lei 10.639/03, do Parecer CNE/CP 003/2004 e da Resolução CNE/CP 01/2004 que tornam obrigatório o ensino de história da África e das culturas afro-brasileiras nas escolas da educação básica públicas e privadas e instituem as diretrizes curriculares nacionais para as relações étnico-raciais e história africana e afro-brasileira. Ambos os cursos contaram com recursos do Programa UNIAFRO I e II (MEC/SESU/SECAD).

Afirmativas na UFMG, trouxe elementos ricos para pensar os avanços, dilemas e limites de uma educação para a diversidade, dentro de um novo contexto político nacional, internacional e educacional marcado pela III Conferência Mundial de Combate ao Racismo, Discriminação Racial, Discriminação Racial, Xenofobia e Intolerância Correlata e as demais ações dela desencadeadas. Essa experiência de extensão diz respeito, também, ao atendimento das indicações previstas na Lei 10.639/03 (alterada para 11.645/08).

As críticas, erros e acertos em relação a essa primeira ação de extensão voltada para a formação continuada de professores(as) da Educação Básica instigaram a realização dos cursos de aperfeiçoamento e de especialização realizados nos anos seguintes, orientando, inclusive, a escolha das disciplinas que compõem a grade curricular dos mesmos e as dinâmicas de formação por eles desenvolvidos. Esses cursos, devido a sua complexidade, serão apresentados e discutidos em artigo posterior.

O projeto de extensão Identidades e Corporeidades Negras – Oficinas Culturais[7] foi realizado nos anos 2003 e 2004, em duas fases. Visava a formação continuada de professores(as) da Educação Básica para a diversidade étnico-racial, envolvendo professores/as e alunos/as negros/as e brancos/as da UFMG e professores/as negros/as e brancos/as da Educação Básica de Belo Horizonte e região, apoiado pela Pró-reitoria de Extensão da UFMG.[8]

O trabalho configurou-se como um conjunto de oficinas culturais e seminários temáticos. O objetivo central era a discussão e o aprofundamento das questões em torno da representação do negro em diversos gêneros dos discursos literário, midiático e acadêmico, destacando as questões que envolvem a história e a trajetória dos negros no Brasil. Além disso, visava o aprofundamento teórico de temáticas ligadas ao campo da cultura e das relações raciais.

Durante o ano de 2003 (1ª fase), o público-alvo do projeto foi constituído por 25 profissionais da Rede Municipal de Ensino de Belo Horizonte (RME), da Rede Estadual de Educação de Minas

---

[7] Nos dois anos de sua realização, o projeto de extensão contou com a parceria da Secretaria Municipal de Educação de Belo Horizonte.

[8] A Pró-reitoria de Extensão da UFMG concedeu duas bolsas de extensão ao referido projeto.

Gerais e do Movimento Negro de Belo Horizonte, representado pelo Grupo de Educadores/as Negros/as da Fundação Centro de Referência da Cultura Negra (FCRCN). O trabalho foi realizado nas instalações do Centro Cultural da UFMG, quinzenalmente, às sextas-feiras, de 14h as 17h, sendo realizadas um total de 11 oficinas e duas reuniões de avaliação.[9]

Em 2004 (2ª fase), além dos(as) professores(as) da RME, do Grupo de Educadores(as) Negros(as) da FCRCN, somou-se à experiência uma escola de Ensino Fundamental da Rede Federal de Ensino, o que não só fortaleceu o trabalho, como também trouxe novos desafios à sua execução.

Para além das ações e objetivos específicos de projetos de extensão voltados para a formação continuada de professores da educação básica, o Identidades e Corporeidades Negras possuía uma especificidade: a inserção de alunos e alunas negras da graduação como bolsistas de extensão e pesquisa, objetivando o fortalecimento da sua carreira acadêmica, o enriquecimento da sua trajetória escolar, a vivência da relação ensino, pesquisa e extensão e o contato com ONGs, organizações do Movimento Negro e professores/as negros/as e brancos/as que atuam na educação básica, tendo como objetivo central a discussão sobre relações raciais e educação.[10]

O foco central das oficinas realizadas era: trabalhar a representação do negro por meio de vários gêneros do discurso, a fim de subsidiar a ação pedagógica no interior da sala de aula com alunos negros, brancos e de outros segmentos étnico-raciais. Sendo assim, cada professor/oficineiro teria a liberdade de pensar a dinâmica do seu trabalho,

---

[9] Citamos, ainda, a cooperação entre a Faculdade de Educação, Faculdade de Letras, o Centro Cultural da UFMG, o Centro de Referência da Cultura Negra e a Secretaria Municipal de Educação na realização do projeto, numa atuação interunidade e interdepartamental e entre a universidade, poder público e movimentos sociais.

[10] A fim de articular ensino, pesquisa e extensão, foi realizada uma pesquisa no interior do projeto intitulada "Formando Professores da Educação Básica para a Diversidade" (PIBIC/CNPQ). A pesquisa consistiu na investigação dos elementos da biografia e do percurso profissional de um grupo de docentes envolvidos na experiência de extensão aqui apresentada e que podem ser considerados como propulsores de uma postura profissional mais aberta à diversidade. Os resultados desse trabalho foram publicados em livro distribuído gratuitamente para as escolas de Educação Básica do município de Belo Horizonte e para docentes de diferentes redes de ensino de Minas Gerais, com recursos do Programa UNIAFO I (MEC/SESU/SECSD).

mas todas deveriam conter uma parte de reflexão e de proposição prática que poderia ou não ser desenvolvida na oficina, mas que deveria ser realizada na escola.

Ao longo das oficinas foi criado um espaço para relatos dos docentes sobre os trabalhos por eles realizados nas escolas sob a inspiração das discussões feitas durante o Projeto. No final, eles socializaram entre si as práticas, os projetos e as experiências sobre a questão racial por eles desenvolvidos.

No ano de 2004 (2ª fase), o trabalho foi ampliado. Quando houve uma demanda de formação oriunda de uma escola Federal de Ensino, as oficinas passaram a ser realizadas, às terças-feiras, quinzenalmente, nas dependências de uma escola federal, de 09h30 às 11 horas, horário de reunião dos professores(as) do 2° ciclo dessa escola. Nesse ano, por meio de um acordo, contou-se com a participação de algumas educadoras da rede municipal e estadual que participaram do projeto no ano de 2003. Os objetivos do projeto foram mantidos, porém mudou-se a dinâmica das oficinas com oficineiros/convidados e, dentro desses, encontravam-se vários docentes da primeira fase que agora compartilhavam suas experiências e ajudavam no processo de formação dos demais.

FORMAÇÃO CONTINUADA DE PROFESSORES(AS) PARA A DIVERSIDADE ÉTNICO-RACIAL: AVANÇOS E LIMITES

O trabalho da primeira fase do projeto de extensão Identidades e Corporeidades Negras – Oficinas Culturais, realizado em 2003, destacou-se mais pelos pontos positivos e pelos desafios trazidos do que pelos limites apresentados.

Considera-se como um primeiro ponto positivo o alcance do objetivo central do Programa Ações Afirmativas na UFMG: o fortalecimento acadêmico de alunos(as) negros(as) da graduação da UFMG. A intensa participação dos bolsistas, o estudo dos temas de cada oficina a ser abordado, o contato com os professores(as) da Educação Básica e a leitura dos temas para a preparação de cada oficina foram fatores que contribuíram para a sua formação acadêmica.

A parceria estabelecida com Secretaria Municipal de Educação (SMED), o Centro de Aperfeiçoamento dos Profissionais da Educação

(CAPE) e as escolas municipais – com a liberação dos professores para poderem participar dos encontros e concessão do lanche – foi outro ponto relevante a ser citado. É importante refletir que o trabalho de formação continuada demanda uma mudança na lógica e organização temporal. Isso implica a flexibilização do tempo do trabalho do professor, numa articulação interna e externa à escola, o que exige a intervenção positiva das secretarias de educação. Sem a concessão do tempo aos docentes, para que eles possam participar de ações formadoras dentro e fora da escola, o trabalho com a formação continuada se torna uma proposta quase impossível.

Esse processo implica, também, a articulação do professor com a sua escola, gerando a socialização do que foi aprendido com seus colegas. Sobre a melhor forma de organizar essa socialização ou "repasse", não se tem conhecimento de uma única alternativa eficaz. Dependerá da rede de ensino, da concepção de formação continuada existente, da articulação das escolas, da organização temporal, do trabalho coletivo e das condições concretas de cada instituição. Tal ponto não pôde ser acompanhado pela equipe do projeto de extensão, mas constituiu-se e ainda se constitui em uma preocupação. Como fazer para que o conhecimento construído extrapole a formação individual e tenha repercussões não só no interior da sala de aula, mas também entre o corpo docente? Como fazer com aquele professor que não consegue liberação para atuar em projetos como esse e possui o desejo de fazê-lo? Como lidar com escolas cuja organização do trabalho e do tempo é extremamente rígida e não há espaço para algum tipo de flexibilização dos tempos? E como fazer quando a flexibilização dos tempos é impedida pela própria Secretaria de Educação?

Um dos caminhos apontados atualmente pela SMED/BH tem sido o investimento paulatino em cursos de especialização voltados para educadores da Educação Básica, com a oferta de várias áreas de aprofundamento. Uma delas tem sido a História da África e das culturas afro-brasileiras. Reconhecemos que a especialização é tipo de formação mais profundo do que a realização de oficinas culturais e cursos com menor duração, porém não se tem ainda uma avaliação sobre a sua capacidade de produzir mudanças na prática em sala de aula. A especialização, como pós-graduação *lato sensu*, está muito vinculada à obtenção de um novo "diploma" e à melhoria salarial. Estas últimas são necessidades concretas da maioria dos docentes de Educação Básica. Contudo ainda não é possível avaliar como essas necessidades concretas se articulam com o interesse e o desejo dos docentes de realmente se formar e aprofundar conhecimentos sobre uma determinada temática. Embora sejam dimensões que não se podem quantificar, elas podem ser mais facilmente percebidas quando atuamos em processos mais curtos de formação continuada e com um menor número de docentes, principalmente aqueles que demandam uma adesão mais espontânea, menos condicionada a títulos e salários.

Outro ponto positivo da iniciativa realizada e que merece ser destacado é a parceria com o movimento social. Nem sempre essa é uma iniciativa fácil de conseguir e articular. Além disso, é muito comum que as parcerias sejam mais formais do que reais. No ano de 2003 (1ª fase do projeto), a articulação com a Fundação Centro de Referência da Cultura Negra, por meio do Grupo de Educadores(as) Negros(as) nela existente, foi marcante e merece ser destacada. Da discussão do projeto inicial até as avaliações conjuntas sobre as tensões entre militantes e não militantes surgidas no processo, a parceria se manteve. São formas diferentes de olhar uma mesma situação que podem, em diálogo, pensar estratégias conjuntas e implementá-las. Isso exige, muitas vezes, uma mudança do enfoque e do processo de formação desenvolvidos. Demanda flexibilidade e abertura de todos envolvidos, sobretudo da equipe que fala do lugar da universidade. Essa última é instigada a mudar a pensar o tempo da sociedade e do próprio movimento social, que são muito diferentes do tempo da universidade e dos setores acadêmicos.

Essa articulação não é um processo passivo. Está repleta de tensões, estranhamentos e interpretações diversas sobre um mesmo fenômeno, nesse caso, sobre as relações raciais na sociedade brasileira e nas escolas da Educação Básica. Esse estranhamento de olhares e discursos foi um momento de tensão no projeto Identidades e Corporeidades Negras e, ao mesmo tempo, a sua própria riqueza. Lidar com os diferentes olhares sobre as diferenças, oriundos dos próprios sujeitos considerados como diferentes, é algo muito pouco usual na universidade e nos seus projetos de formação continuada de professores. Como a tentativa era de construir uma relação pedagógica em que todos os envolvidos estivessem no mesmo patamar de igualdade e de direito à expressão, isso exigiu da equipe flexibilidade e humildade para lidar e aprender com o outro, para polemizar e problematizar certezas, para encontrar caminhos conjuntos. Em alguns momentos tal objetivo pôde ser alcançado, e em outros, não. Isso acarretou, até, a saída de alguns participantes e docentes do projeto levando a uma auto-avaliação e um redirecionamento do olhar e da postura daqueles que ficaram e da própria coordenação.

A experiência nos trouxe, também, outros desafios e limites. Podemos citar a questão do tempo da formação continuada em serviço como o principal. Como conciliá-lo? Como articular a formação para a diversidade étnico-racial como um direito do docente da rede pública? E como conciliá-lo com as disputas pelo controle do tempo em conflito? De um lado a gestão da escola, de outro, a gestão da própria Secretaria Municipal de Educação e, no meio de ambas, a universidade e uma proposta específica de formação numa perspectiva de ação afirmativa. Tal situação revelou que não basta apenas boas intenções ou objetivos progressistas de projetos e propostas oriundos da universidade para que os mesmos se transformem em práticas emancipatórias. A capacidade de mudança e de resposta dada a intervenções de extensão acadêmica realmente comprometidas com uma mudança social depende de situações concretas, de infra-estrutura, de negociação no campo do poder e, até mesmo, da representação que se tem sobre a universidade e suas propostas de articulação política e social. Tudo isso contribuiu e muito para um repensar do processo de formação continuada desenvolvido, e tais limites e tensões se mostraram ainda mais fortes na segunda fase do projeto, realizada em 2004.

Ainda cabe destacar, nesse processo, as tensões em torno das identidades negras dos próprios integrantes. Em algumas oficinas aconteceram depoimentos de algumas participantes negras, que expuseram conflitos em relação à sua negritude. Nesses momentos, notou-se uma tensão entre os processos e experiências distintos de construção identitária vividos pelas integrantes. Algumas professoras negras, devido a sua experiência de vida e política, possuíam um discurso mais afirmativo e politizado sobre a sua própria identidade. Tal discurso as levava a conduzir essa vivência identitária referida ao "outro", seu semelhante, e aos "outros", seus diferentes, por meio de uma determinada interpretação sobre "ser negro no Brasil". Outras se encontravam em momentos distintos, carregados de dúvidas, interrogações e ambigüidades e tiveram a coragem (ou na opinião de alguns docentes, a ingenuidade) de expressá-los de forma muito aberta diante do grupo.

Nessa ocasião, segundo relato dos bolsistas de extensão, algumas docentes da universidade que ministravam as oficinas e coordenavam o projeto puderam intervir pouco e tiveram dúvidas sobre qual seria a melhor intervenção. Houve tensões, e o grupo ficou dividido em torno das diferentes interpretações do "ser negro" e como isso gerava ações pessoais, individuais e práticas docentes em sala de aula.

Tal situação trouxe para a equipe do Projeto indagações à própria condução da proposta voltada para a diversidade étnico-racial. Como o trabalho pedagógico com a questão racial, envolvendo professores negros e brancos, pondera, na sua realização, as tensões e dilemas identitários dos próprios sujeitos com os quais se propõe trabalhar? Se sabemos que a questão racial é mais do que um tema e que ela mexe com as nossas subjetividades, os projetos de extensão voltados para a diversidade étnico-racial estão preparados para lidar com essas dimensões subjetivas quando as mesmas afloram?

Uma indagação se tornou constante durante a realização do projeto: como fica a nossa prática efetiva de formação para a diversidade quando estamos diante do professor e da professora negros que, conquanto sujeitos políticos, corpóreos e identitários, expressam os dilemas e ambigüidades próprias desse seu posicionamento no mundo? A equipe foi instada a entender a complexidade da dimensão relacional presente na construção da identidade negra. As dimensões subjetivas e intersubjetivas dessa construção identitária afloram com intensidade diferenciada de acordo com o contexto, o espaço, o grupo e o momento em que os sujeitos se encontram e são chamados a falar de si, a nomear algo que os implica de maneira contundente na sua relação com o "outro". Isso exige dos formadores(as) de professores(as) a elaboração de estratégias novas que vão além da indicação de textos teóricos. Com o suporte da teoria, é preciso intervir e abrir espaço para a conversa, o diálogo e o questionamento de "verdades" adquiridas. Os próprios docentes, tão cobrados a olhar e enxergar o aluno(a) na sua diferença, são convidados(as) a olhar para si e para o outro colega, o adulto, na mesma perspectiva. O motivo que nos leva a realizar tal discussão e postura está no próprio ofício que realizamos, ou seja, somos profissionais que lidam diretamente com o ser humano.

Portanto, trabalhar com a diversidade étnico/racial na escola implica processos profissionais, de formação e também subjetivos. Lidamos não somente com a competência teórica e com o conhecimento científico, mas também com os preconceitos, valores, lógicas e afetos que informam as posturas pedagógicas. Nesse sentido, o ensino, como socialização de conhecimentos, precisa se construir articulado com um outro tipo de competência: a postura ética e profissional para lidar com a diversidade nos processos de formação humana.

Considerações finais

O trabalho com a formação para a diversidade étnico-racial traz novas questões para o campo da formação de professores. O Programa Ações Afirmativas na UFMG ainda está aprendendo muito. Há muito caminho a seguir e aprendizados novos a construir.

Um desses aprendizados novos é compreender como os profissionais das diferentes áreas (humanas, sociais aplicadas, ciências da vida, entre outras) deverão, sem negar as suas especialidades, realizar discussões e práticas interdisciplinares e em torno da temática racial. A questão racial exige olhares, leituras e interpretações inter e transdisciplinares. A sua complexidade é de tal ordem que nenhuma área do conhecimento consegue interpretá-la e trabalhá-la sozinha. Se podemos pensar que outros temas e discussões sociais realizadas pela escola também seguem esse mesmo caminho, então, mais desafiada ainda está a formação inicial e continuada de professores(as) da Educação Básica no Brasil.

Talvez um dos caminhos seja, na perspectiva de Mireille Cifali (2001), o de examinar junto com os docentes, nos seus diferentes processos de formação, como os saberes "especializados" são mobilizados na ação e o que eles não resolvem sozinhos. Nesse sentido, podemos refletir que, se há lacunas que extrapolam o alcance específico de uma área, é sinal de que o conhecimento só se constrói por meio de práticas e estratégias dialógicas. O apego incondicional à especialidade de cada área, tão comum no campo científico, se estabeleceu na Educação Básica por meio de uma divisão conteudista que apresenta pouco sentido para alunos(as) e, até mesmo, para os próprios docentes. Aqueles que não se acomodam diante da complexidade do "ofício de mestre", nos dizeres de Miguel Arroyo (2000), aguçam cada vez mais o desejo de reflexões conjuntas sobre o ensino e a educação que superem as divisões rígidas das disciplinas. Como nos diz Mireille Cifali citando Morin: "a divisão das disciplinas científicas é necessária, assim como é necessária a vontade de superar suas clivagens, trabalhando nos interstícios, desconfiando das hegemonias" (2001, p. 109).

Poderíamos ainda perguntar: como realizar o trabalho de formação continuada de professores para a diversidade, considerando-se o acúmulo de trabalho e os limites da condição docente da atualidade? Como lidar com a presença do mito da democracia racial nos discursos e práticas escolares que nos levam a acreditar na existência de uma harmonia racial? Como lidar com a persistência de um olhar pedagógico que só enxerga as desigualdades de classe e omite o peso das desigualdades raciais, de gênero e geracionais na vida e na trajetória escolar dos alunos(as) e professores(as) negros(as) e brancos(as)? São indagações de pesquisa que o campo da formação de professores(as) deveria se colocar e que o projeto de extensão aqui apresentado trouxe para a equipe de docentes e bolsistas do Programa Ações Afirmativas na UFMG.

As indagações e desafios apontados neste texto se colocam hoje com maior contundência para a universidade e para a Educação Básica. Elas se colocam como o campo político, de intervenção e de teorização enfrentado pela implementação da Lei 11.645/08 e pelos processos de formação inicial e continuada de professores para a diversidade étnico-racial que ela está a enfrentar.

O surgimento ou a publicização de tais indagações e desafios no campo educacional, extrapolando os fóruns políticos da militância e ganhando status acadêmico, de pesquisa e de intervenção por meio de projetos de extensão universitária, se dá dentro do novo contexto apresentado no início desse artigo. Trata-se do momento de implementação e concretização das ações afirmativas no Brasil e de um novo fôlego na luta anti-racista da qual participam negros, brancos e outros grupos étnico-raciais.

Cabe salientar que tais discussões começam a encontrar um lugar no debate educacional da formação de professores(as) devido à presença de um novo perfil intelectual composto por pesquisadores e pesquisadoras, na sua maioria negros, que, como já foi dito no início desse artigo, passa a entrar quantitativa e qualitativamente no cenário acadêmico das ciências sociais e humanas no Brasil e, de maneira especial, na educação. Esse novo perfil se faz acompanhar de uma outra leitura sobre o processo de construção e distribuição do conhecimento e se apresenta com um compromisso político e profissional explícito de enfrentar o desafio da articulação entre os movimentos sociais, formação docente e a Educação Básica.

É sempre bom esclarecer que esse outro perfil intelectual não se restringe aos negros e ao debate sobre a questão racial. Ele também está presente em outros campos de discussão e em projetos voltados para a diversidade na educação, tais como educação indígena, educação do campo e educação, gênero e diversidade sexual. Os segmentos indígenas, do campo e LGBTTT, no Brasil, também têm implementado ações, reflexões, pesquisas e desencadeado tensões em torno da formação de professores e da diversidade. Assim como os negros, eles têm alcançado uma abrangência maior nas políticas educacionais, desencadeando legislações específicas, diretrizes curriculares, projetos e práticas de formação inicial e continuada.

São mudanças que se tornam possíveis devido a uma pressão que vem de fora, da sociedade civil sobre o Estado, a universidade e a escola, e começam a encontrar adesão dentro dos mesmos. Uma adesão que se deve não só pelo convencimento dessas instituições de que algo precisa ser feito para que a nossa democracia contemple, de fato, a diversidade da qual ela tanto se orgulha, pelo menos, no discurso. Deve-se, principalmente, à nova presença de representantes desses segmentos, conquistando novos aliados étnico-raciais e político-pedagógicos no interior desses espaços. Tal situação proporciona uma nova capacidade de mobilização, debate teórico, produção científica, formação e intervenção. Assistimos a uma nova configuração dos espaços de poder no contexto acadêmico, sobretudo, nas ciências sociais e humanas. Portanto, estamos diante de novas tensões.

Um dos objetivos desse novo perfil de intelectual engajado, na educação, e que tem contribuído para problematizar a própria implementação da Lei 11.645/08 na Educação Básica, é desencadear uma formação pedagógica, política e prática que, ao reconhecer, respeitar e garantir a educação como um direito social para todos, não exclua as diferenças, mas antes as compreendam como um dos elementos constitutivos da nossa própria formação humana.

Mudanças do Brasil no terceiro milênio? Estamos nos tornando mais inclusivos? Não se pode negar que mudanças estão ocorrendo. Porém, ainda de maneira muito lenta diante da seriedade e da urgência político-pedagógica de formar as gerações adultas e jovens para a diversidade.

REFERÊNCIAS:

ARROYO, M. G. *Ofício de mestre – Imagens e auto-imagens*. Petrópolis: Vozes, 2000.

CIFALI, M. Conduta clínica, formação e escrita. In.: PERRENOUD, P.; PAQUAY, L.; ALTET, M.; CHARLIER, É. (Orgs). *Formando professores profissionais. Quais estratégias? Quais competências?* Porto Alegre, Artmed, 2001, p. 101-114.

DECLARAÇÃO e Programa de Ação adotados na III Conferência Mundial de Combate ao Racismo, Discriminação Racial, Discriminação Racial, Xenofobia e Intolerância Correlata. Disponível em: <www.inesc.org.br/biblioteca/legislação/Declaração_Durban/pdf. Acessado em 13-07-08>.

GOMES, N. L. (Org). *Um olhar além das fronteiras: educação e relações raciais*. Belo Horizonte: Autêntica, 2007.

GOMES, N. L. et al. *Identidades e corporeidades negras. Reflexões sobre uma experiência de formação de professores(as) para a diversidade étnico-racial*. Belo Horizonte: Autêntica, 2006.

GUIMARÃES, A. S. A. *Racismo e Anti-Racismo no Brasil*. São Paulo. 1999.

HASENBALG, C. A.; SILVA, N. V. (Orgs). *Cor e estratificação social*. Rio de Janeiro: Contracapa, 1999.

HENRIQUES, R. Silêncio: o canto da desigualdade racial. In.: *Racismos contemporâneos*. Rio de Janeiro: Takano, 2003, p. 13-17.

HENRIQUES, R. *Raça e gênero no sistema de ensino – os limites das políticas universalistas na educação*. Brasília: UNESCO, 2002.

HENRIQUES, R. *Desigualdade racial no Brasil: evolução das condições de vida na década de 90*. Rio de Janeiro: IPEA, 2001.

PAIXÃO, M. Desigualdades nas questões racial e social. In.: BRANDÃO, A. P. (Coord.). *Saberes e fazeres: a cor da cultura*. Rio de Janeiro: Fundação Roberto Marinho, 2006, v. 1, p. 21-35.

SANTOS, B. S. Por uma pedagogia do conflito. In.: SILVA, L. H. *et al.* (Orgs.). *Novos mapas culturais, novas perspectivas educacionais*. Porto Alegre: Editora Sulina, 1996, p. 15-33.

SILVÉRIO, V. R. Ação afirmativa e o combate do racismo institucional no Brasil. In.: *Cadernos de Pesquisa*, São Paulo, n. 117, p.219-246, nov. 2002.

CAPÍTULO 5
Escola e juventudes desafios da formação de professores em tempos de mudanças[1]

Carla Valéria Vieira Linhares Maia
Catherine Monique de Souza Hermont
Eliane Castro Vilassanti
Juarez Dayrell
Juliana Batista dos Reis
Miguel Renato de Almeida,
Rodrigo Ednilson de Jesus
Shirlei Rezende Sales do Espírito Santo

O presente artigo, fruto de várias vozes e mãos, resulta do esforço coletivo de registro e reflexão sobre o *Curso de Formação de Professores: Desafios da escola em tempos de mudança*, realizado pela equipe do Observatório da Juventude da UFMG[2] em 2007, tendo com público professores do 3° ciclo do Ensino Fundamental das escolas da Rede Municipal de Contagem.

---

[1] A equipe do Observatório da Juventude e autores deste texto são Prof. Juarez Dayrell da FaE/UFMG; Carla Valéria Vieira Linhares Maia, doutoranda na FaE/UFMG; Catherine Monique de Souza Hermont, mestranda na FaE/UFMG; Eliane Castro Vilassanti, doutoranda na FaE/UFMG; Juliana Batista dos Reis, mestranda na UFSCar; Miguel Renato de Almeida, mestre em Ciências Sociais pela PUC/MG; Rodrigo Ednilson de Jesus, doutorando na FaE/UFMG e Shirlei Rezende Sales do Espírito Santo , doutoranda na FaE/UFMG. Helen Cristina do Carmo, graduanda em Pedagogia pela FaE/UFMG faz parte da equipe na qualidade de bolsista de extensão.

[2] O "Observatório da Juventude da UFMG" é um programa de ensino, pesquisa e extensão da Faculdade de Educação, com o apoio da Pró-Reitoria de Extensão e do Centro Cultural da UFMG, que desde 2002 vem realizando atividades de investigação, levantamento e disseminação de informações sobre a situação dos jovens na Região Metropolitana de Belo Horizonte além de promover a capacitação tanto de jovens quanto de educadores e alunos da graduação da UFMG interessados na problemática juvenil. O programa orienta-se por quatro eixos centrais de preocupação que delimitam sua ação institucional: a condição juvenil; políticas públicas e ações sociais; práticas culturais e ações coletivas da juventude na cidade e a construção de metodologias de trabalho com jovens.

Os desafios postos são muitos para os que se aventuram a pensar a relação Escola e Juventude, em um contexto de uma sociedade desigual, multifacetada, em rápidas e, ao mesmo tempo, profundas mutações socioculturais, como as vivenciadas no Brasil. Deste modo, a pretensão não é trazer uma resposta ou um modelo a seguir. Para além do relato de uma experiência de formação, pretende-se contribuir, em alguma medida, para uma reflexão sobre a delicada e complexa relação entre "juventudes e escola" e nesse âmbito sobre a formação necessária aos professores/educadores que trabalham com adolescentes e jovens, principalmente, estudantes das escolas públicas brasileiras.

O CONTEXTO DA FORMAÇÃO: OS DESAFIOS DA RELAÇÃO DOS JOVENS COM A ESCOLA

O curso foi desenvolvido pela equipe de professores do Observatório da Juventude da Universidade Federal de Minas Gerais, no ano de 2007, a partir de uma demanda da Secretaria Municipal de Contagem, Minas Gerais, para os professores do 3º ciclo do Ensino Fundamental. Estruturado em 60 horas, o curso teve como eixo as reflexões sobre a escola e a docência na educação de jovens na sociedade brasileira contemporânea.

Durante a realização do curso, e também no período que o antecedeu, uma preocupação constante entre a equipe de formadores era a respeito da necessidade de desenvolver com o conjunto de docentes reflexões que pudessem incidir em suas práticas pedagógicas, nas suas relações com os jovens estudantes e na construção de projetos político-pedagógicos significativos para os educadores, para os educandos e para os seus familiares.

Buscava-se ultrapassar uma visão estritamente didática ou curricular posta em algumas propostas de formação de professores e romper com uma perspectiva que reforçasse a fragmentação e as especificidades das formações de professores de diferentes áreas e campos de saber, para pensar um trabalho mais amplo com os estudantes jovens, vistos em sua diversidade e também especificidades socioculturais. Pretendia-se constituir um espaço em que o/a educador/a se reconhecesse e se posicionasse como sujeito "ativo" da formação, e não como objeto dela. Em que os/as educadores refletissem sobre as condições concretas de exercício de sua docência, com base em uma experiência de estranhamento e, ao mesmo tempo, em uma imersão reflexiva no cotidiano de sua escola e entorno, bem como e suas práticas e relações pedagógicas. E, principalmente, uma ação que desnaturalizasse o olhar sobre a escola, os saberes, os currículos estabelecidos, mostrando-os como imersos em historicidade e em campos de lutas e disputas políticas e sociais, portanto também passíveis de transformações.

A procura por esse caminho levou o grupo de formadoras/es a refletir sobre a condição docente e a relação com a juventude, evitando explicações simplistas e estereotipadas, que, de acordo com Dayrell (2007), tendem a cair numa visão apocalíptica sobre o fracasso da instituição escolar; com professores, alunos e suas famílias culpando-se mutuamente. Nessa forma simplista de pensar a escola e a educação da juventude, a escola e seus profissionais, por um lado, entendem que o problema situa-se na juventude, no seu pretenso individualismo de caráter hedonista e irresponsável, que estaria gerando um desinteresse pela educação escolar. Por outro lado, para os jovens, a escola se mostra distante dos seus interesses, reduzida a um cotidiano enfadonho, com professores que pouco acrescentam à sua formação, tornando-se cada vez mais em uma "obrigação" necessária, tendo em vista a necessidade dos diplomas, requisito cada vez mais importante no mundo moderno. Por essa perspectiva, parece que assistimos a uma crise da escola na sua relação com a juventude, com professores e jovens se perguntando a que ela se propõe.

Na compreensão de Dayrell (2007), a relação da juventude com a escola não se explica em si mesma. O problema não se reduz nem apenas aos jovens, nem apenas à escola, como as análises lineares tendem a conceber. Essa relação e seus desafios remetem a questões muito mais amplas, situando-as no bojo das mutações profundas que vêm ocorrendo na sociedade ocidental, interferindo na produção social dos indivíduos e nos seus tempos e espaços. E essas mutações afetam diretamente as instituições e os processos sociais de socialização das novas gerações. Ainda segundo Dayrell, as instituições classicamente responsáveis pela socialização, como a família, a escola e o trabalho, vêm mudando de perfil, estrutura e também de funções. Por conseguinte, os jovens da atual geração vêm se formando, construindo-se como atores sociais de formas muito diferentes das gerações anteriores, numa mudança de tempos e espaços de socialização, que interfere diretamente nas formas como eles vivenciam o seu estatuto como alunos.

A escola, como a temos, enfrentando todos os desafios já discutidos, além de outros, continua a ser um *locus* representacional privilegiado no mundo moderno. Esse status deve-se não só ao fato de a escola permanecer como a instituição legítima, e também exclusiva, de distribuição dos diplomas, fundamentais para a inserção no mercado de trabalho atual, mas também pela imagem da educação como um fator-chave para a preparação de cidadãos e cidadãs para o convívio social. Todavia, a escola não é mais a representante exclusiva da socialização das crianças e dos jovens, em termos de valores, crenças e conhecimentos. A escola contemporânea deixa de ser atual, se comparada a alguns de seus concorrentes: a televisão, a internet, etc. Sacristán apresenta-nos diagnóstico semelhante:

> De fato, quando se analisam as tarefas acadêmicas que ocupam o espaço-tempo escolar em diferentes áreas ou matérias do currículo, é possível comprovar que há pouca variedade de atividades. [...] Essa questão é importante, pois existe uma grande probabilidade de que, dessa falta de diversidade das atividades nos espaços escolares, seja possível deduzir a pouca satisfação que estes podem despertar em muitos alunos, ainda mais hoje que a vida externa às salas de aula tem tantos atrativos. (SACRISTÁN, 2005, p. 178)

O quadro que se configura, portanto, é complexo. As explicações simples e imediatas apresentam-se cada vez mais improfícuas nesse desafio de viver e compreender as mudanças da escola no mundo contemporâneo e as conseqüências dessas mudanças para os sujeitos que lá estão. As escolhas metodológicas feitas durante a realização dessa proposta de formação visavam enfrentar esse desafio e ir além. O primeiro deles refere-se à própria compreensão da formação docente.

POR UMA CONCEPÇÃO DE FORMAÇÃO DE PROFESSORES

Compreender o trabalho docente é, antes de tudo, assumir um campo de investigação complexo. Não resta dúvida de que a Sociologia da Educação é elemento fundante na compreensão do trabalho docente, visto que a profissão surge no contexto da constituição da escola na modernidade. Implica levar em conta que a instituição escolar está inserida em um determinado contexto social, político e econômico, o que reflete não só na sua organização, como também nas relações professor/a-aluna/o e suas transformações ao longo da história. A própria escola deve ser problematizada como uma instituição na qual as relações, suas regras e a própria cultura são construídas socialmente, de maneira diferenciada, no decorrer dos anos e em relação com o público e com o espaço onde se situa. Em um processo de formação, torna-se necessária a apreensão e articulação desses conceitos com aqueles da Sociologia da Juventude, pertinentes à dinâmica da relação Juventude e Escola. Ao mesmo tempo, tratou-se de afirmar a relação docente e discente como parte constitutiva dessa própria condição docente. Portanto a articulação entre juventude, escola e docência foram os três eixos teórico-práticos que fundamentaram as reflexões e o desenvolvimento do curso de formação.

Os estudos e as pesquisas sobre a docência utilizam-se de categorias gerais de análise, tais como: trabalho docente, formação inicial, formação continuada, identidade e profissionalização docente, políticas e propostas de formação de professores, concepções de docência e de formação de professores, entre outras. A literatura disponível sobre formação de professores centra-se especialmente na idéia do saber docente, sendo tratada por autores diversos como M. Tardif, Philippe Perrenoud, Antônio Nóvoa, Keneth Zeichner, ainda que acompanhando análises voltadas para outras questões específicas, como as competências ou a identidade do professor (PERRENOUD, 1993; 1999), (NÓVOA, 1991; 1992a; 1992b), ou a questão do professor-pesquisador (ZEICHNER, 1993; 1997; 1998). Esse saber docente é constituído pela formação inicial e pela formação continuada conquanto etapas consideradas que se sucedem num *continuum* de desenvolvimento profissional e de configuração da identidade docente.

No centro do saber docente, encontramos uma epistemologia da prática docente, isto é, o que o professor sabe para ensinar, sendo que a obra de D. Schön, sobre o *reflective practitioner*, de 1983, desencadeou uma onda de difusão da idéia que passou a ser conhecida como a do "professor reflexivo". Segundo Ludke, "o componente da reflexão passou a ser considerado imprescindível para o trabalho e para a formação do bom professor, correndo até o risco de ser tomado como garantia suficiente para tanto" (LUDKE, 2001, p. 80). A postura reflexiva não requer apenas do professor o saber acadêmico, nem somente o saber fazer, mas que ele possa saber explicar de forma consciente a sua prática e as decisões tomadas sobre ela e perceber se essas decisões são as melhores para favorecer a aprendizagem do seu aluno.

No entanto, é preciso considerar que há níveis diferenciados da reflexão de sujeito professor sobre seu trabalho e suas condições de docência. De modo que falar da *reflexão* como elemento imprescindível na epistemologia da prática docente exige não cairmos em simplificações de uma epistemologia da prática, ou mesmo de um "conceito retórico" que explique tudo e nada ao mesmo tempo. Schon, na epistemologia da prática, distingue entre conhecimento na ação e reflexão na ação. O conhecimento na ação é um tipo de conhecimento sobre como fazer as coisas, produzido na ação, mas com certa dificuldade de verbalização teórica e reflexiva. Já a reflexão-na-ação supõe uma atividade cognitiva consciente do sujeito ativo. Os níveis dessa atividade cognitiva consciente são diversos, sendo os de natureza éticomorais os mais complexos, isto é, de que sociedade desejamos...

Para Ludke,

> [...] o recurso à reflexão aparece mesmo como parte inerente ao desempenho do bom professor, ainda que ele não se dê conta claramente disso. A grande contribuição de Schön foi trazer à luz esse conceito subterrâneo [...]. Schön teve também sensibilidade para apontar os limites da racionalidade técnica, como base para a preparação de profissionais, introduzindo o papel da reflexão atuando em sentido oposto e suprindo as carências deixadas por uma perspectiva de predominância técnica. (2001, p. 81)

Não vamos tratar aqui o debate necessário e atual sobre os modelos de formação de professores baseados numa racionalidade técnica, que caracterizaram a formação inicial e continuada do professor nas décadas de 70 e 80, na linha de treinamento, e aparentemente reconfigurados sob a égide da "cultura do desempenho" que vem norteando parte das políticas públicas em educação, centrado numa lógica do Estado Avaliador (SANTOS, 2004). No entanto, desde logo nos colocamos na contramão dessa lógica tanto de condução das políticas públicas de educação quanto da formação de professores. Mais do que isso, a formação de professores aqui relatada buscou tratar questões mais complexas da relação juventude, escola e docência, localizadas no campo das "interações humanizadoras entre os sujeitos da escola.

Ademais, essa concepção vincula-se a uma noção de indivíduo professor conquanto "sujeito ativo", como nos apresenta Tardif (2002):

> O saber dos professores parece estar assentado em *transações* constantes entre o que eles *são* (incluindo as emoções, a cognição, as expectativas, a historia pessoal deles, etc.) e o que fazem. O ser e o agir, ou melhor, o que Eu sou e o que Eu faço ao ensinar, devem ser vistos aqui não como dois pólos separados, mas como resultado dinâmicos das próprias transações inseridas no processo do trabalho escolar.

Nessa perspectiva, a reflexão movimenta o sujeito, que cria uma prática baseada no ser humano ativo que ele é. Suas ações podem ser guiadas por preceitos e normas mais gerais, acordadas na coletividade, nas leis ou parâmetros oficiais, mas é a sua ação humana que dará o tom, que fará com que uma determinada opção metodológica ou temática seja encaminhada dessa ou daquela forma. São suas escolhas e sua atuação humana que traduzem em prática pedagógica o que está posto nos objetos materiais para o ensino, por definição, passivos. Do mesmo modo, para Nóvoa (1992b), o conhecimento profissional do professor depende de uma reflexão prática e deliberativa, isto é: por um lado, de uma reelaboração da experiência a partir de uma análise sistemática das práticas; por outro lado, de um esforço de deliberação, de escolha e de decisão, que passa por uma intencionalidade de sentidos. Portanto, uma segunda demarcação é a busca de sentido, de intencionalidade socialmente configurada do professor sobre sua prática.

Entretanto, uma parte importante do trabalho dos professores está centrada em gerir relações sociais com seus alunos. Conforme Freire: "Ninguém educa ninguém, ninguém educa a si mesmo, os homens se educam entre si, mediatizados pelo mundo (FREIRE, 2002, p. 68). É sua humanidade ativa que estabelece a mediação entre o saber constituído socialmente e seus alunos, tão humanos e ativos quanto seus professores. Nesse sentido, ambos, alunos e professores, constituem-se como humanos e ativos, prontos a agir e a reagir ao que está sendo proposto. Significa dizer que tomar como sujeitos ativos tanto professores como jovens alunos é reconhecer um ponto de partida adequado para uma proposta de formação continuada, pois possibilita-nos fazer a conexão adequada com o saber. Essa relação com o saber, próprio dos processos educativos, deve ser entendida também no seu caráter ativo, por ambos os sujeitos, na qual a escola é o *locus* de encontro dessas subjetividades. Saber entendido como dimensão da atividade humana torna a escola como espaço de encontro, e não como algo exterior aos sujeitos, em que são questões relevantes: o desejo de saber de todo sujeito, como esse desejo pode implicar esse sujeito em práticas de aprendizagem/ensino, e como transformar essa relação efetivamente em trabalho escolar.

Nesse sentido, Charlot (2000) nos lembra que toda relação com o saber é também uma relação consigo própria/o: por meio do "aprender", qualquer que seja a figura sob a qual se apresenta, sempre está em jogo a construção de si mesma/o e de seu eco reflexivo, a imagem de si. Nascer é estar submetido à obrigação de aprender. A/O mulher/homem não é, deve tornar-se o que deve ser; para tal deve ser educada/o por aquelas/es que suprem sua fraqueza inicial e deve educar-se, "tornar por si mesmo". Significa dizer que o saber expressa uma dimensão epistêmica mas também identitária e social. O desafio está em articular no mínimo três questões relevantes: o desejo de saber de todo sujeito, como esse desejo pode implicar esse sujeito em práticas de aprendizagem/ensino, e como transformar essa relação efetivamente em trabalho escolar. Segundo o mesmo autor, "a questão é sempre compreender como se opera a conexão em um sujeito e um saber ou, mais genericamente, como se desencadeia o processo de aprendizagem, uma entrada no aprender. Se o sujeito já está em atividade, a questão é compreender o que sustenta a sua mobilização" (CHARLOT, 2000, p. 19). Tal reflexão incide não só em relação à aprendizagem do aluno, mas também se refere à formação continuada do sujeito professor. Seria a terceira demarcação: a relação de saber que unifica professores e alunos numa relação significativa de aprendizagens.

Tais reflexões nos serviram como norte no desenvolvimento do Curso de Formação dos Professores do 3º Ciclo de Contagem.

OUTROS OLHARES E NOVAS IMAGENS

Durante a formação desenvolvida em 2007, "o olhar, o ouvir e o escrever", momentos especialmente estratégicos do *métier* do antropólogo, segundo Oliveira (1996), foram utilizados como ponto de partida para a formação de professores. De acordo com Oliveira, o olhar antropológico cumpre uma função básica na pesquisa empírica, ao colocar em ação o estranhamento do real. É exatamente esse estranhamento, portanto, que possibilita ao antropólogo um olhar atencioso sobre o diferente, e, sobretudo, sobre o comum. A domesticação teórica do olhar, a qual Oliveira se refere, implica o exercício constante de um novo modo de ver a realidade, que vai além das impressões corriqueiras e imediatas.

Do ponto de vista da Antropologia, o distanciamento, tanto geográfico quanto metodológico, é um requisito básico para a constituição de uma nova forma de ver o mundo. Com base nessa perspectiva, a proximidade com os objetos do olhar ofuscaria os detalhes do cotidiano, fazendo passar por óbvio e natural algo que é produto de uma construção social e histórica, dotado de significados, portanto. Assim, de acordo com Oliveira, o observador bem preparado, com o olhar disciplinado em termos antropológicos, seria capaz de olhar uma situação, mesmo a mais familiar, como um objeto de investigação, sem ingenuidade, e não mais com uma mera curiosidade diante do exótico. Apesar de ser esse um *métier* do antropólogo, como afirma Oliveira, o exercício do "olhar, do ouvir e do escrever" permite ao observador atento, ainda que não seja antropólogo, ler e interpretar o mundo a partir de novas bases, colocando em suspensão as representações e crenças construídas valendo-se da vivência de sua realidade imediata.

Nessa perspectiva, a proposta metodológica do Curso de Formação consistiu-se na construção coletiva de uma nova maneira de olhar a juventude e a escola. Buscou-se um esforço de desnaturalização do cotidiano, das vivências, dos pontos de vista e crenças sobre a escola, sobre a condição docente e sobre os sujeitos. Significou um esforço de estranhar o familiar, vendo a escola e o seu entorno com os olhos de quem chega pela primeira vez, de um "estrangeiro", buscando compreender as/os jovens estudantes, suas práticas culturais, seus hábitos, valores, visões de mundo, etc.

Nesse processo, o distanciamento geográfico das professoras e dos professores em relação à escola contribuiu sobremaneira. Para colocar em prática esse "distanciamento disciplinado teoricamente", propôs-se o exercício constante do diálogo entre as observações empíricas do cotidiano escolar e as leituras e atividades desenvolvidas durante o curso, buscando construir uma perspectiva de análise das situações vividas que colocasse sob suspeita as respostas "prontas", "imediatas" e "simplistas". Em vez disso, investiu-se na interrogação das práticas com o objetivo de entender como elas se organizam, constituem-se, o que significam e especialmente o que pode e precisa ser alterado.

Essa postura remeteu-nos a questionamentos constantes, possibilitando, ao longo de toda a formação, novas maneiras de ver a escola, seus sujeitos, seus dilemas, desafios, limites e também possibilidades. A metodologia de trabalho desenvolvida foi constituída de procedimentos variados como entrevistas, registros, questionários, atividades diversificadas tanto com as/os professoras/es em formação, quanto com as/os alunas/as dessas/es professoras/es. Por esse caminho metodológico, buscou-se criar condições para que a/o docente, um pouco distanciado de seu cotidiano, no processo de formação, por meio do registro organizado e orientado, construísse um conhecimento sobre suas práticas, sobre o espaço escolar, e sobre os sujeitos com os quais trabalha.

Esperávamos que a provocação e o exercício constante de uma nova maneira de ouvir, olhar e registrar nos possibilitasse a construção conjunta de um outro modo de ver e interpretar os desafios da escola em tempos de mudança. Ansiávamos ainda que essa nova disposição do olhar poderia redundar em uma nova disposição para "agir", ou, como nos diz Certeau (1994), uma nova disposição para criar estratégias e/ou táticas que permitissem ultrapassar o cotidiano, o fazer automático e repetitivo.

A CONDIÇÃO DOCENTE E A CONDIÇÃO JUVENIL

De acordo com Teixeira (2007), a condição docente não é um dado fixo e acabado, e não resulta também apenas das vontades, sejam elas individuais, sejam elas coletivas. Considerar a condição docente, ou o fazer docente, é levar em consideração também os aspectos materiais envolvidos nesse campo. É preciso considerar, portanto, a escola, a sala de aula e o espaço no qual docentes e discentes interagem. Do contrário, como poderíamos sustentar que as condições objetivas de trabalho não afetam a subjetividade, e por vezes a saúde física e mental dos docentes? Como afirmar, por outro lado, que as decisões políticas no campo educacional (financiamento em educação, salários de professores, infra-estrutura das escolas, etc.) nada têm a ver com as representações dos gestores sobre esse campo e as melhores decisões a serem tomadas?

Nesse sentido, a condição docente foi objeto de reflexão. O levantamento do perfil dos professores do 3º Ciclo da Rede Municipal de Contagem realizado pelos próprios professores[3] foi uma rica oportunidade de refletir sobre dimensões da condição docente que interferem diretamente no cotidiano escolar, dimensões estas que fazem do professor um sujeito sociocultural. Segundo Teixeira, "o professorado é uma categoria social notadamente heterogênea, envolvendo pessoas vivas e reais – com atributos de gênero, cor, idade, visões de mundo, entre outros" (1996, p. 181). Conseguimos, através deste levantamento, acessar algumas das dimensões constitutivas desses sujeitos, que acabam por adquirir novos significados na relação pedagógica. Entre elas, vale ressaltar a questão dos tempos docentes (TEIXEIRA, 1996).

Quando perguntados sobre a cidade de moradia, 31,4% dos entrevistados afirmaram morar na cidade de Contagem, ao passo que 54% dos professores afirmaram morar na cidade de Belo Horizonte. Esse é um aspecto, portanto, que nos diz algo sobre os tempos docentes, não só o tempo das atividades docentes, mas também o tempo de deslocamento entre casa e trabalho. Enfim, o tempo em que a atividade reguladora da vida é a pedagógica. A carga horária de trabalho dos professores dentro de sala de aula é outro ponto que merece atenção. Cerca de 80% dos entrevistados afirmaram que suas atividades dentro de sala de aula são superiores a 20 horas semanais. Entre os entrevistados, 27,6% informaram trabalhar mais de 40 horas semanais, e 34,3% afirmaram trabalharem de 30 a 40 horas semanais. Essa realidade explica em parte a dificuldade dos professores em realizar as leituras recomendadas para cada módulo. Tal realidade nos obrigou a diversificar as estratégias didáticas para amenizar o efeito desse baixo índice de leituras, propiciando a todos a possibilidade de participação, por mais heterogênea que fosse.

---

[3] O perfil foi um exercício de pesquisa desenvolvido pelos próprios professores. Sugerimos que cada um deles, das seis turmas do curso, aplicasse três questionários a colegas de trabalho das escolas onde lecionavam. Tivemos como resultado da proposta, 105 questionários aplicados e entregues para tabulação e análise. Neste ponto, cabe salientar que esse levantamento não foi pensado como uma pesquisa amostral e aleatória, e por isso generalizável.

Além de considerar que a condição docente envolve essa complexa realidade, Teixeira chama a atenção da trama de interações e trocas, em que não faltam tensões, conflitos e problemas relativos às hierarquias e estruturas, às dinâmicas e relações de poder e à diversidade de interesses. A autora argumenta que o cerne da docência, ou o que "funda" a condição docente é, exatamente, a relação social entre docentes e discentes. A condição docente compreende um conjunto de interações, entre os professores e seus pares, entre os outros profissionais da escola, bem como entre os docentes e os gestores escolares dos sistemas de ensino. Todavia, são as relações que se estabelecem entre docentes e discentes, sobretudo dentro de sala de aula, nas "territorialidades interacionais" como designa Goffman (1985), as fundamentais para a constituição, tanto da imagem do professor quanto da imagem do aluno. Sobre isso, Teixeira afirma enfaticamente:

> Um não existe sem o outro. Docentes e discentes se constituem, se criam e recriam mutuamente, numa invenção de si que é também uma invenção do outro. Numa criação de si porque há o outro, a partir do outro. O outro, a relação com o outro, é a matéria de que é feita a docência. Da sua existência é a condição. Estamos pois no domínio da alteridade. O outro está ali, diante do professor, da professora, podendo sempre surpreendê-lo, instaurando o inédito em sua ação instituinte, tanto quanto repetir ou repor o conteúdo, o instituído. O outro está ali, efetivamente ou virtualmente presente, na educação presencial ou na educação à distância, como se costuma chamar uma e outra. (2007, p. 429)

No esboço historiográfico que Sacristán apresenta em "O aluno como invenção", podemos notar que foram, exatamente, essas interações e os seus significados as que mais se modificaram na relação pedagógica. Ao passo que os espaços escolares, com sua sobriedade e rigidez, refletem mais seu passado disciplinador, mantendo formas tradicionais de distribuição dos corpos, dentro e fora de sala de aula (SACRISTÁN, 2005, p. 145), as representações atuais acerca dos professores, e também dos alunos, foram radicalmente alterados, ainda que contrariando as expectativas conservadoras de alguns.

Alguns diriam que essas alterações nas imagens, tanto de professores quanto de alunos, seriam sinais incontestáveis de uma crise em curso; uma crise de valores morais. No livro "Imagens quebradas:

trajetórias e tempos de alunos e mestres", Arroyo prefere ir em outra direção, dando ênfase aos esforços que têm sido feitos para aproximar os olhares docentes com as trajetórias reais dos educandos. Ao mesmo tempo em que verifica o espanto, de uma parte de professores, perante o novo imaginário social relativo à infância, a adolescência e a juventude, verifica também a insubordinação destes sujeitos (crianças, adolescentes e jovens) em relação aos velhos estereótipos que não lhes cabe.

> Mudaram as auto-imagens e as imagens sociais da infância, da adolescência e da juventude nos seus percursos reais. [...] Esta infância parece-nos dizer: vocês não darão conta e não por falta de preparo, mas porque não somos e nem queremos ser a idealização que a sociedade fez da infância, adolescência e juventude. Não cabemos nas idealizadas imagens que por século inspiraram a docência e a civilização. (2004, p. 14)

Nesse sentido, outra reflexão desenvolvida diz respeito ao aluno como um sujeito jovem. Exigiu um duplo esforço. De um lado, estimular os professores a apreenderem seus alunos para além dessa condição, percebendo os como jovens que são. De outro, lidar com um conjunto de imagens que interferem na maneira de os professores compreenderem os jovens, como aquela imagem que enfatiza a transitoriedade ou mesmo aquela que relaciona a juventude à violência ou à marginalidade. É evidente a necessidade de superar tais imagens, buscando apreender os modos pelos quais os jovens alunos constroem a sua experiência como tais, bem como apreender as suas demandas. Mais uma vez lançamos mão da Antropologia, que nos lembra que, para compreender, é necessário conhecer.

Significa reafirmar aqui o que já foi muito reiterado: a juventude é uma categoria socialmente construída e ganha contornos próprios em contextos históricos, sociais e culturais distintos, marcada pela diversidade nas condições sociais (origem de classe, por exemplo), culturais (etnias, identidades religiosas, valores, etc.), de gênero e até mesmo geográficas, entre outros aspectos. Além de ser marcada pela diversidade, a juventude é uma categoria dinâmica, transformando-se na medida das mutações sociais que vêm ocorrendo ao longo da história. Na realidade, não há tanto uma juventude e sim jovens, conquanto sujeitos que a experimentam e sentem segundo determinado contexto sociocultural em que se inserem.

Desse modo, mais do que conceituar a juventude, optamos em trabalhar com a idéia de "condição juvenil" por considerá-la mais adequada aos objetivos dessa discussão. Do latim *conditio*, refere-se à maneira de ser, à situação de alguém perante a vida, perante a sociedade. Mas também se refere às circunstâncias necessárias para que se verifique essa maneira ou tal situação. Assim existe uma dupla dimensão presente quando falamos em condição juvenil. Refere-se ao modo como uma sociedade constitui e atribui significado a esse momento do ciclo da vida, no contexto de uma dimensão histórico-geracional, mas também à sua situação, ou seja, o modo como tal condição é vivida a partir dos diversos recortes referidos às diferenças sociais – classe, gênero, etnia, etc. Na análise, permite-se levar em conta tanto a dimensão simbólica como os aspectos fáticos, materiais, históricos e políticos nos quais a produção social da juventude se desenvolve (ABRAMO, 2005; MARGULIS, 2000). Com esse olhar, os professores foram estimulados a fazer um exercício de pesquisa com os seus jovens alunos, buscando traçar um perfil desses, bem como conhecer as suas diferentes práticas culturais nos mais diversos espaços.

O processo de desnaturalização do olhar incidiu não apenas sobre as práticas culturais mais amplas, mas, sobretudo, sobre as relações sociais na escola. O foco era discutir os limites e também o potencial das relações estabelecidas principalmente entre professoras/es e jovens. Para isso, foi preciso olhar de maneira diferenciada para cada elemento dessa relação. Analisou-se a condição docente, entendendo as/os professoras/es como sujeitos socioculturais, que não se colocam na relação exclusivamente como docentes, mas como sujeitos também marcados pelas questões que envolvem suas identidades de gênero, sexualidade, raça/etnia, religiosidade, classe social, etc. As/os jovens, por sua vez, foram analisadas/os do ponto de vista desses mesmos parâmetros identitários, buscando entendê-las/os para além da condição de estudantes, ou de jovem. A produção das diferentes subjetividades juvenis foi discutida no contexto de suas vivências na escola, na família, no trabalho, na rua, nos espaços de lazer e cultura.

A identidade é aqui compreendida como "fluida, parcial, contraditória, não unitária" (BRITZMAN, 1996, p. 73), ou seja a identidade é permanentemente (re)construída, não é fixa, nem acabada. Além disso, não é singular e sim múltipla, portanto, identidades no plural, as quais "estão sujeitas a uma historicização radical, estando constantemente em processo de mudança e transformação" (HALL, 2000, p. 108). Identidade é também analisada em sua estreita relação com a diferença, em que "identidade e diferença são vistas como mutuamente determinadas" (SILVA, 2000, p. 76). Identidade e diferença são produzidas na cultura.

A relação professor/a-aluna/o foi discutida com base no entendimento de que os sujeitos constituintes dessa relação conduzem seus modos de viver e relacionar a partir das identidades assumidas. Sempre tendo em mente a provisoriedade e o dinamismo dessas identidades. Os modos de viver dos sujeitos não são percebidos como fixos, nem permanentes. Ao contrário, estão em constante processo de construção, em que as relações sociais e a cultura atuam ativamente. Todo esse processo se dá na relação que os sujeitos estabelecem entre si e também com o conhecimento, o qual constitui objeto por excelência da instituição escolar.

Assim, a abordagem da dimensão da relação com o saber pretendeu extrapolar o trabalho desenvolvido pelas escolas que tradicionalmente atribuem às/aos alunas/os: receber e repetir informações, colaborando para uma perspectiva na qual as/os professoras/es pudessem pensar sua postura com as/os alunas/os a partir de relações mais democráticas, compreendendo-as/os como sujeitos inseridos em um determinado contexto social, familiar, político, econômico, escolar, histórico e cultural. Dessa maneira, a escola não pode ficar restrita a questões puramente didáticas, ou a metodologias relativas ao processo de *ensino-aprendizagem*, fragmentando o conhecimento por especialidades: português, matemática, geografia, ciências, história, artes, educação física, etc.

Para tanto, as/os professoras/es em formação foram estimuladas/os a ouvir as demandas das/os jovens, suas histórias, desejos e projetos. Esse trabalho de escuta acarretou muitas surpresas, uma vez que as/os professoras/es confrontaram o que ouviam, com as visões previamente concebidas sobre as/os jovens com quem trabalhavam. Visões essas, como vimos, marcadas por estereótipos que definem a juventude de maneira generalizante, fixa e pejorativa. Ao contrário disso, as/os docentes se depararam com uma pluralidade de modos de ser jovem, o que lhes surpreendia.

Arroyo (2004), ao pensar os desafios lançados à docência na contemporaneidade e a pedagogia escolar afirma que não estamos mais no tempo de dar remédios e receitas fáceis, mas de aguçar o pensar, de ir à procura da densidade teórica para entender os significados ocultos. Ele também nos instiga a pensar a formação que oferecemos aos futuros professores nos cursos de Pedagogia através dos depoimentos/questionamentos de professores de escolas públicas com quem interagiu e refletiu sobre a condição docente, a violência nas escolas, entre outros aspectos do cotidiano escolar.

O diálogo de Arroyo com os depoimentos dos professores no primeiro capítulo do livro nos instiga e desafia a pensar a formação e os saberes docentes, quando nos indagam:

> [...] fomos formados para olhar os educandos? Que estudamos sobre eles nos curso de magistério, de licenciatura ou pedagogia? Por que as ciências vêem a infância como infância, juventude como juventude, adultos como adultos? Por que nosso olhar os reduz a alunos, repetentes, novatos, defasados, lentos, aceleráveis....? Por que com tanta rapidez passamos a ver os alunos como desatentos, indisciplinados e até violentos? (ARROYO, 2004, p. 56)

E nos provoca, aponta para uma formação mais ampla, mais densa e complexa dos futuros professores e dos docentes em exercício, ou em seus termos "humanizando nosso olhar docente":

> Se estas questões não forem prioritárias, os projetos de escola, as propostas inovadoras, as orientações curriculares...deixam tudo no mesmo lugar. Por quê? Porque a escola e seus currículos, os ciclos, a didática, a prática pedagógica e docente adquirem seus significados da centralidade que damos ou não damos aos educandos. Do olhar com que os enxergamos". E vai mais além: "Toda inovação educativa tem de começar por rever o nosso olhar sobre os alunos. (2004, p. 56)

Teixeira e Arroyo nos incitam a pensar a formação e os saberes docentes, para além dos procedimentos didáticos, das perspectivas do conteúdo e da perspectiva curricular. Lembrando que o estranhamento proposto considera o que nos mostra Arroyo em *Imagens quebradas* e que Teixeira retoma em seu texto: as dificuldades apresentadas são localizadas com certos tipos de menino e menina. Alunos que se encontram nas escolas públicas das grandes periferias. Alunos que apresentam uma relação precária com o conhecimento e uma visão embaçada da escola. Classificados pelos professores por meio de estereótipos.

Eles nos encorajam a convidar os professores a estranhar o óbvio, a desnaturalizar seus olhares sobre os alunos e vê-los em suas condição juvenil, aproximar de suas práticas culturais, dos novos modos e lugares de construção identitárias e modos de subjetivação. Vê-los com outra mirada, como o cerne do fazer, do ofício docente. Reconhecê-los como habitantes legítimos da escola e criar condições para que ocupem os territórios, apropriem-se dos saberes, e construam novas estratégias e projetos de futuro

Por uma pedagogia da Juventude

A confluência desse processo foi a tentativa de articular formas diferenciadas de trabalhar com a juventude do 3º ciclo. Desde a discussão de formas alternativas de organização curricular a metodologias diversificadas de trabalho. A ênfase se deu na análise de algumas experiências inovadoras já implementadas em outras redes de ensino, assim como na discussão de trabalhos desenvolvidos pelas/os professoras/es em formação. Esse trabalho foi desenvolvido com base nas demandas já apresentadas pela juventude em relação à escola (cf. GIL et al., 2006). Foram discutidos com as/os professoras/es em formação modos de flexibilizar os currículos e a escola, bem como metodologias mais interessantes de trabalho com as/os jovens. Nesse aspecto, ficou bastante evidenciada a necessidade de investir registro sistemático das práticas desenvolvidas, pois esse consiste em um grande desafio à atuação docente. Vários foram os relatos de trabalhos que obtiveram resultados bastante positivos com o 3º ciclo, mas que não tiveram continuidade e não foram sequer registrados.

Desse modo, o trabalho de formação voltou-se para a construção de uma compreensão da escola e seus sujeitos de modo a situá-los em um contexto histórico que é dinâmico. Isso permitiu que as/os professoras/es em formação pudessem se perceber como agentes de mudança social, como participantes ativas/os na construção da escola, do currículo e das relações sociais. Com o processo de desnaturalização do olhar, rompeu-se com a visão estática da escola e da cultura, vislumbrando possibilidades de transformações concretas e cotidianas nas práticas escolares.

Além disso, percebeu-se o lugar privilegiado que a escola ocupa na trajetória de vida das/os jovens, não só do ponto de vista das relações sociais constituídas no contexto escolar, mas especialmente na construção de suas identidades e de sua formação humana. De acordo com Corti e Souza (2004, p. 36) "a relação que os jovens estabeleceram com seus professores e demais profissionais das instituições escolares tem grande relevância para a compreensão dos vínculos estabelecidos pelos primeiros com o conhecimento".

Dessa maneira, pode-se concluir que as/os professoras/es tornam-se essenciais, não só no percurso escolar, como também na trajetória de vida das/os estudantes, uma vez que as relações sociais estabelecidas na escola e a partir dela constituem sustentáculo para o desenvolvimento das/os jovens nos seus processos de "hominização", "singularização" e "socialização". Nesse sentido é possível falarmos de uma "pedagogia da juventude", considerando os processos educativos necessários para lidar com um corpo em transformação, com os afetos e sentimentos próprios dessa fase da vida e com as suas demandas de sociabilidade. Implica também adequar o ritmo dos processos educativos, dinamizando-os com metas e produtos que respondam à ansiedade juvenil por resultados imediatos. É fazer da escola um espaço de produção de ações, de saberes e relações. É acreditar na capacidade do jovem, na sua criatividade e apostar no que ele sabe e quer dominar.

Considerações finais

Ao estruturar a experiência do curso de formação exposta neste artigo, a compreensão era da necessidade de construir outra perspectiva de formação dos educadores de jovens. Perspectiva essa que levasse em conta as especificidades do trabalho com essa categoria de estudantes, dialogando com as especificidades dessa fase da vida, mas também, compreendendo e ultrapassando as imagens estereotipadas já plasmadas no imaginário docente sobre os sujeitos adolescentes e jovens, abrindo-se para a diversidade cultural e as condições de vivências juvenis no cenário das cidades e das escolas brasileiras contemporâneas.

Entendia-se que essa perspectiva, ausente em muitas formações universitárias, precisava ser considerada na formação dos educadores que trabalham com o público juvenil nas escolas públicas. Assim, pretendia-se propor uma formação que, ultrapassando uma visão estritamente didática ou curricular posta em algumas propostas existentes, enfatizasse a relação professor-aluno/jovem e pensasse a educação em seu sentido mais amplo, como "formação humana" e não apenas como seleção e transmissão de conteúdos ou preparação para o mundo do trabalho.

Mas também considerava que era fundamental que a formação constituísse como um espaço de diálogo com o/a educador/a, oportunizando que estes/as se percebessem e posicionassem como sujeitos "ativos" da formação, e não como objeto dela. Em que os/as educadores/as refletissem sobre as condições concretas de exercício de sua docência, a partir de uma experiência de estranhamento e, ao mesmo tempo, de uma imersão reflexiva no cotidiano de sua escola e entorno, bem como de suas práticas e relações pedagógicas. E, principalmente, uma formação que desnaturalize o olhar sobre a escola, os saberes, os currículos estabelecidos, mostrando-os como imersos em historicidade e em campos de lutas e disputas políticas e sociais, portanto também passíveis de transformações.

Nesse sentido, ao caminharmos juntos pelos encontros temáticos, por meio das leituras dos textos propostos, dos debates e das reflexões teóricas, um novo cenário foi se descortinando, um desenho mais complexo e ao mesmo tempo mais próximo foi se constituindo. Nesse cenário, pelo movimento dos docentes entre teoria e prática, na realização da metodologia do "olhar", do "ouvir" e do "registrar", novas visões de alunos e de escola apareceram. O distanciamento dos professores de sua visão anterior foi sendo construído tendo como base os relatórios, as entrevistas e as observações que eram propostas e trazidas para o encontro. "Depois de 21 anos de magistério, aprendi coisas que jamais havia pensado", conta-nos uma das professoras participantes do curso de formação. Outra docente completa:

> Ah, meu amigo! Gostei do olhar, olhar a escola com outro olhar, olhar o sujeito aluno com este novo olhar. Chegar na escola e observar cada detalhe que antes passava-me despercebido. Sentir que preciso conhecer mais o aluno jovem, adolescente, criança, adulto; conhecer com quem estou compartilhando momentos, o que ele gosta, o que ele faz e pensa. Como ensiná-lo de uma maneira mais prazerosa.

Uma preocupação constante durante o curso era a de que as estratégias utilizadas pudessem fazer parte do trabalho de todos os professores, independentemente da área de conhecimento nas quais atuavam. Todas as estratégias, em conjunto, abriram também caminho para que experiências vivenciadas por eles, em outras épocas, pudessem ser ressignificadas, adequando-se a uma postura diferenciada diante dos alunos.

Assim, durante o desenrolar do curso, íamos percebendo que uma noção de formação política da juventude aparecia e ganhava força, tomando o lugar de uma perspectiva individualista ou culpabilizante em relação aos alunos. Participação comunitária, percepção de direitos, sentido de comunidade; foram termos que começaram a emergir nos discursos já que, em geral, só ouvíamos falas como "é preciso ajudá-los a passar no vestibular", ou "eles precisam aprender para ter bom emprego".

Nesse processo de formação, a troca com os formadores e, sobretudo, com outros professores do 3º ciclo foi fundamental para a modificação do olhar, sobre a escola, sobre os jovens e sobre si mesmos. Isso é o que nos conta uma das professoras do curso: "o curso foi muito bom, acredito ter contribuído para a minha formação. O que mais gostei foi a troca de experiências, as discussões foram muito ricas. Poder conhecer outras realidades é sempre bom, pois nos permite repensar a nossa".

Ouvir os jovens em suas vivências externas à escola, provocando uma imersão na realidade dos alunos, realidades que não se resumem à ausência ou os aprisiona em um mundo em que tudo falta, apresentou aos professores novos sujeitos, que, apesar de serem alunos, não deixam de ser tantos outros: jovem, filho, religioso, artista, etc.; e sendo tantos outros, ainda consegue ser aluno.

Encontrarmo-nos para discutir, e colocarmos em prática as discussões de outro modelo de formação de professores nos exigiu, conquanto formadores, um novo olhar sobre a docência e sobre os docentes. Exigiu-nos cuidado nas relações, atenção e disposição para ouvir, além de uma incansável disposição para aprender; todos os aspectos que salientávamos e identificávamos em nossas referências bibliográficas. Para nós formadores, tanto quanto para os professores participantes do curso, o espaço de formação serviu como um espaço de troca, de desnaturalização do cotidiano escolar e dos sujeitos docentes. Em nossa avaliação, essa troca só se tornou possível pela disposição coletiva em instituir um espaço de produção de conhecimentos baseados no intercâmbio, em lugar da transmissão unilateral de saberes.

Desse modo, apenas iniciamos, mas esperamos descobrir que estamos no caminho certo: de construir respostas que não sejam homogêneas ou definitivas, mas que também não sejam simples. Que nos ajudem a identificarmo-nos com os sujeitos, compartilhando dores e alegrias, desafios e conquistas, paralisações e avanços. Que nos auxilie a tornar cada vez mais "humanas" as relações de ensino e aprendizagem e a encontrar um caminho que cada vez dê conta de desvelar que todo processo de ensino-aprendizagem se dá em um contexto de movimento constante entre os sujeitos, os espaços, as regras e as práticas, estabelecidas em complexas teias tecidas entre os sujeitos educadores e educandos e nas relações que estes estabelecem com os diferentes saberes escolares e também os não escolares.

Referências

ARROYO, M. *Imagens quebradas. Trajetórias e tempos de alunos e mestres*. Petrópolis: Vozes, 2004.

BRITZMAN, D. P. O que é essa coisa chamada amor: identidade homossexual, educação e currículo. *Educação e Realidade*, Porto Alegre, v. 21, n. 1. p. 71-96, jan./jun. 1996.

CERTEAU, M. *A invenção do cotidiano: a arte de fazer*. São Paulo: Vozes, 1994. v. 1.

CHARLOT, B. *Da relação com o saber: elementos para uma teoria*. Porto Alegre: Artmed, 2000.

CORTI, A. P.; SOUZA, R. *Diálogos com o mundo juvenil: subsídios para educadores*. São Paulo: Ação Educativa, 2004.

DAYRELL, J. A escola faz as juventudes? Reflexões em torno da socialização juvenil. *Educação e Sociedade*, v. 28, p. 1105-1128, 2007.

DAYRELL, J. Os professores como sujeitos sócio-culturais. In: DAYRELL, J. (Org.). *Múltiplos olhares sobre a educação e cultura*. Belo Horizonte: Ed. UFMG, 1996.

GIL, C. Z. V. *et al*. Por uma política de direitos na educação. *Democracia Viva*, n. 30, p. 7-11, jan./mar. 2006.

GIROUX, H. A. *Los professores como intelectuales*. Barcelona: Paidós, 1990

GOFFMAN, E. *A representação do eu na vida cotidiana*. Petrópolis : Vozes, 1985.

HALL, S. A centralidade da cultura: notas sobre as revoluções culturais do nosso tempo. *Educação e Realidade*, v. 22, n. 2, p. 15-46, jul./dez. 1997.

HALL, S. Quem precisa da identidade? In.: SILVA, T. T. (Org.). *Identidade e diferença: a perspectiva dos estudos culturais*. Petrópolis: Vozes, 2000. p. 103-133.

LÜDKE, M. O professor, seu saber e sua pesquisa. *Educação & Sociedade*, Campinas, v. 22, n. 74, abr. 2001.

MEYER, D. E. Gênero e educação: teoria e prática. In.: LOURO, G. L.; FELIPE, J.; GOELLNER, S. (Orgs.). *Corpo, gênero e sexualidade: um debate contemporâneo sobre educação*. 2. ed. Petrópolis: Vozes, 2005. p. 9-27.

NÓVOA, A. *Vidas de professores*. Porto: Porto Editora, 1992.

NÓVOA, A. *Profissão professor*. Porto: Porto Editora, 1991.

OLIVEIRA, R. C. O trabalho do antropólogo: olhar, ouvir, escrever. Revista de Antropologia. São Paulo, v. 39, n. 1, p. 13-37, 1996.

PERRENOUD, P. Formar professores em contextos sociais em mudança: prática reflexiva e participação crítica. *Revista Brasileira de Educação* n° 12, Anped, set-dez. 1999, p. 5-21.

SÁCRISTAN, J. G. As raízes culturais da ordem escolar em que ser aluno adquire sentido. In.: SÁCRISTAN, J. G. *O aluno como invenção*. Porto Alegre: Artmed, 2005.

SCHÖN, D. Formar professores como profissionais reflexivos; In.: NÓVOA, A. *Os professores e a sua formação*. Lisboa: Dom Quixote, 1992. p. 77-92

SANTOS, L. L. C. P. Formação de professores na cultura do desempenho. *Educação & Sociedade*, Campinas, v. 25, n. 89, p. 1145-1157, set./dez. 2004. Disponível em: <http://www.cedes.unicamp.br>.

SILVA, T. T. A produção social da identidade e da diferença. In.: SILVA, T. T. (Org.). *Identidade e diferença: a perspectiva dos estudos culturais*. Petrópolis: Vozes, 2000. p. 73-102.

SILVA, T. T. *O currículo como fetiche: a poética e a política do texto curricular*. 2. ed. Belo Horizonte: Autêntica, 2001a.

TARDIF, M. *Saberes docentes e formação profissional*. Petrópolis: Vozes, 2002.

TARDIF, M. et al. Os professores face ao saber: esboço de uma problemática do saber docente. *Teoria & Educação*, n. 4, 1991.

TARDIF, M. Saberes profissionais dos professores e conhecimentos universitários. *Revista Brasileira de Educação*, Rio de Janeiro, n. 13, p. 5-24, jan./fev./mar./abr. 2000.

TEIXEIRA, I. A. C. Da condição docente: primeiras aproximações teóricas. *Educação & sociedade*, Campinas, v. 28, n. 99, maio/ago. 2007.

ZEICHNER, K. Para além da divisão entre professor-pesquisador e pesquisador acadêmico. In: GERALDI, FIORENTINI; PEREIRA. *Cartografias do trabalho docente*. Campinas: Mercado das Letras/ALB, 1998. p. 207-236.

Capítulo 6
Formação docente e diversidade sociocultural: reflexões com base na experiência de formação de educadores do ProJovem-BH

Geraldo Leão
Júlio Emílio Diniz-Pereira

A experiência de formação de professores para o Programa Nacional de Inclusão de Jovens: Educação, Qualificação e Ação Comunitária (ProJovem) em Belo Horizonte, teve início em meados de 2005, quando uma equipe de formadores vinculados ao Núcleo de Educação de Jovens e Adultos (NEJA) e do Observatório da Juventude da Universidade Federal de Minas Gerais (UFMG) foi convidada a assumir essa ação.

No bojo de uma série de programas sociais implantada pelo Governo Lula, o ProJovem nascia com a promessa de ser uma iniciativa inovadora e de grande impacto entre as pessoas de 18 a 24 anos que ainda não tinham concluído o Ensino Fundamental, em sua grande maioria jovens pobres, moradores da periferia e negros. Ao mesmo tempo, pesquisadores e educadores do campo educacional o viam com algumas inquietações. Tais preocupações diziam respeito, entre outros aspectos, a sua excessiva centralização, à carência de estruturas adequadas para acolhê-lo nos municípios e ao ritmo acelerado de implantação.

O trabalho conduzido pela equipe da Faculdade de Educação da Universidade Federal de Minas Gerais (FaE/UFMG) no ProJovem, em Belo Horizonte, espelhou as contradições, as possibilidades e os limites já presentes no nascimento dessa ação educativa. Ela reflete os dilemas de educadores que, embora reconhecendo as dificuldades impostas pelo modo como o Programa estava conformado, não poderia se eximir de participar desse processo pelo seu compromisso histórico com a educação de jovens e adultos.

Para além de realizarmos uma mera descrição dessa experiência, este artigo tem como objetivo contribuir para uma reflexão em torno da relação entre formação docente e diversidade sociocultural, a partir de questões e desafios que se constituíram nos percursos vividos por educadores e formadores nesse primeiro momento do ProJovem, em Belo Horizonte.

O texto está dividido em três partes. Na primeira, apresentamos o contexto em que nasce o programa, marcado pelo crescimento do atendimento escolar às crianças e aos jovens no Brasil, aliada à permanência das desigualdades educacionais. No segundo momento, descrevemos o ProJovem com destaque para o lugar ocupado pela formação docente nesse programa. Por fim, analisamos os desdobramentos da ação de formação implementada durante o primeiro ano de funcionamento do programa na capital mineira.

JUVENTUDE E DESIGUALDADES ESCOLARES NO BRASIL: UM DESAFIO PARA AS POLÍTICAS PÚBLICAS

Desde a década de 1990, os números dos censos educacionais indicam que as taxas de escolarização da população brasileira aumentaram. Sposito (2005), ao comparar dados das PNADs de 1995 e 2001, ressalta um crescimento na ordem de 65,1% da freqüência no Ensino Médio e de 88,7% na Educação Superior. No ano de 2003, a amostra da Pesquisa do Projeto Juventude[1] indicou que 63% de jovens estudavam (SPOSITO, 2005, p. 98).

A expansão dos índices da população estudantil e dos níveis de escolaridade são frutos das reformas educacionais observadas nesse período, que se concentraram em melhorar o desempenho dos sistemas de ensino por meio de várias medidas: a criação de sistemas nacionais de avaliação, a implantação de programas voltados para o incremento do material didático, a instituição de Parâmetros Curriculares Nacionais (PCNs), a delegação de maior autonomia para as unidades escolares, a criação de programas de correção do fluxo escolar, entre outras.

Essas mudanças, embora tenham o mérito de expandir o atendimento à população em idade escolar, não promoveram melhor qualidade na educação oferecida nas escolas públicas. As escolas brasileiras,

---

[1] A pesquisa Perfil da Juventude Brasileira foi realizada, em final de 2003, por intermédio de entrevistas com 3.501 jovens de 15 a 24 anos, em 198 municípios brasileiros e compôs o Projeto Juventude do Instituto Cidadania.

principalmente em suas etapas mais avançadas, depararam-se, em curto período de tempo, com jovens e crianças que tradicionalmente eram induzidas a interromper sua trajetória escolar. Professores e instituições, assoberbados com novas atribuições delegadas pelas reformas educacionais, viram-se no centro de uma tensão gerada pelo encontro entre o novo público que adentra a escola pública – os jovens pobres – e uma cultura escolar que não é capaz de acolhê-los.

O resultado desse quadro é a reprodução das desigualdades escolares sob novas bases: a de uma "inclusão precária" ou pela metade (MARTINS, 1997). Ao lado daqueles que concluem o ensino obrigatório sem dominar as habilidades mínimas de leitura, escrita e cálculo, como atestam os exames nacionais de avaliação, temos ainda uma boa parcela da juventude brasileira que não estuda, nem concluiu a Educação Básica. Segundo dados do IBGE de 2005, 14,9 milhões de pessoas de 15 ou mais anos eram analfabetas no Brasil. Quanto aos jovens de 18 a 24 anos, apenas 31,6% deles freqüentavam a escola (RUMMERT, 2007, p. 36).

Dessa forma, podemos dizer que a situação dos jovens brasileiros em relação à educação revela o quadro contraditório de uma modernização conservadora que, ao procurar responder às exigências de elevação do nível de escolaridade de sua força de trabalho, como pré-requisito para a inserção do país na economia globalizada, o faz mantendo velhas barreiras de acesso da população em geral à educação de qualidade. Assim, ao lado de uma expansão verificada no aumento relativo das matrículas, temos um grande número de jovens que nem sequer concluiu a escolaridade básica: 30% das pessoas de 15 a 24 anos tinham o Ensino Fundamental incompleto e 25% dos jovens não concluíram o Ensino Médio em 2003, segundo os mesmos dados da Pesquisa Perfil da Juventude Brasileira (ABRAMO; BRANCO, 2005).

As políticas públicas de juventude no Brasil ganharam impulso na última década, ampliando-se a partir do Governo Lula. Preocupados com os problemas sociais que afetam os jovens brasileiros, particularmente o crescimento dos índices de violência e do desemprego juvenil, os governos passaram a fomentar várias ações que, em geral, pressupõem a promoção da escolarização dos jovens como mecanismo de "inclusão social" dos jovens pobres. Segundo Rummert (2006, p. 36),

> [...] várias iniciativas focais foram implementadas, atendendo a pequenos contingentes populacionais, aos quais, dadas as suas fragilidades como atores políticos, são oferecidas possibilidades de elevação de escolaridade com caráter precário e aligeirado, porém anunciadas como portadoras potenciais de inclusão. Trata-se, assim, sobretudo, de atuar de forma urgente para controlar disfunções de um sistema que, por sua origem estrutural, continuará a gerar, cada vez mais, demandantes de novas medidas de caráter emergencial.

Outro aspecto a ser considerado refere-se ao fato de que o aumento das ações governamentais dirigidas aos jovens teve como conseqüência o crescimento do número de educadores vinculados a esses programas e projetos. Podemos observar a emergência de um perfil novo e muito heterogêneo de profissionais com diferentes níveis e áreas de formação, diferentes vínculos profissionais (voluntários, funcionários públicos, profissionais liberais) e diversas trajetórias e experiências em ações com jovens. Compreender o perfil, a trajetória profissional e as práticas educativas desses educadores é um desafio para gestores e pesquisadores.

Assim, o encontro entre esses atores nos diferentes espaços educativos – escolas, programas públicos, projetos sociais desenvolvidos por ONGs – traz um campo fértil para pensarmos os processos educativos em contextos de diversidade social e cultural. Seguindo os passos de Fanfani (2007), podemos pensar essas relações em dois eixos. Em primeiro lugar, trata-se de pensar a relação entre a escola e a questão social, tendo em vista a tarefa delegada à educação pelos governos como principal solução para os problemas sociais do capitalismo contemporâneo. Dessa maneira, a consideração da relação entre formação docente e diversidade não pode se eximir da confrontação com as condições estruturais em que o trabalho docente se realiza.

Em segundo lugar, ainda na visão desse autor, a massificação da educação nos países latino-americanos em geral traz um público com um novo perfil muito diferente do que há décadas passadas. Os jovens que permaneciam nos sistemas de ensino eram em geral filhos das classes médias e altas (*os herdeiros*) e traziam um conjunto de disposições que se identificava com a cultura escolar. Com a escolarização obrigatória, há uma mudança não apenas quantitativa, mas também qualitativa, em relação aos alunos: uma grande parte é de jovens pobres, com trajetórias escolares e experiências sociais diversas.

O ProJovem: concepção e estrutura

Implantado em 2005, o Programa Nacional de Inclusão de Jovens: Educação, Qualificação e Ação Comunitária (ProJovem) é um *componente estratégico* da Política Nacional da Juventude do Governo Lula, sendo coordenado pela Secretaria Nacional de Juventude da Secretaria-Geral da Presidência da República. O programa nasceu, junto com a Secretaria Nacional de Juventude (SNJ) e o Conselho Nacional de Juventude (CNJ), como um desdobramento do Grupo Interministerial da Juventude. Formado em 2004 com o objetivo de indicar propostas para a elaboração da Política Nacional de Juventude do Governo Federal, esse grupo composto de 19 ministérios, secretarias e órgãos técnicos especializados, com o apoio de especialistas da área e parlamentares interessados no tema, concebeu uma proposta de política de juventude que pretendia ser *inovadora* (BRASIL, 2005).

O foco do Programa são os jovens de 18 a 24 anos, com Ensino Fundamental incompleto, sem vínculos formais de trabalho. De acordo com o seu documento-base, o programa tem como finalidade "proporcionar formação integral ao jovem, por meio de uma efetiva associação entre: elevação da escolaridade, tendo em vista a conclusão do ensino fundamental; qualificação com certificação de formação inicial; desenvolvimento de ações comunitárias de interesse público". A partir da integração desses três eixos, pretende-se que o programa proporcione "a re-inserção do jovem na escola; a identificação de oportunidades de trabalho e capacitação dos jovens para o mundo do trabalho; a identificação, elaboração de planos e o desenvolvimento de experiências de ações comunitárias; a inclusão digital como instrumento de inserção produtiva e de comunicação" (BRASIL, 2005, p. 14).

Ainda de acordo com a sua concepção, o ProJovem adota uma proposta político-pedagógica inovadora, que procura considerar os jovens como sujeitos de seu processo de aprendizagem, valorizando seus direitos e deveres como cidadãos. Tal proposta parte das experiências e das práticas sociais dos alunos, valorizando suas potencialidades, por meio de uma abordagem interdisciplinar que procura integrar seus três eixos – educação, trabalho e ação comunitária – em torno da perspectiva de inclusão social dos jovens.

Com uma carga horária total de 1.200 horas presenciais e 400 horas não-presenciais distribuídas durante 12 meses, o programa oferece atividades de formação escolar correspondente ao segundo nível do Ensino Fundamental (800 horas), de qualificação profissional (350 horas) e de desenvolvimento de ações comunitárias (50 horas). As atividades correspondem a cinco horas diárias. Os alunos matriculados e freqüentes recebem um auxílio-financeiro no valor de R$ 100,00 (cem reais).

A estrutura do ProJovem prevê a organização de turmas de 30 alunos, aglutinados em Núcleos. Cada Núcleo compõe-se de cinco turmas e uma equipe pedagógica formada por sete educadores, a saber: cinco professores para as diferentes áreas do conhecimento – Língua Portuguesa, Matemática, Ciências Humanas, Ciências da Natureza e Língua Estrangeira, um educador de Qualificação para o Trabalho e um educador de Ação Comunitária. Por fim, cada grupo de oito Núcleos formam uma "Estação da Juventude", concebida como espaço de encontro dos jovens e educadores para a realização de atividades coletivas, eventos culturais ou outras ações educativas.

A proposta curricular do programa estrutura-se em torno de quatro unidades formativas: Juventude e Cidade, Juventude e Trabalho, Juventude e Comunicação, Juventude e Cidadania. Cada eixo corresponde "a uma situação-problema relevante na vida cotidiana dos jovens envolvidos no Programa e que os desafie de maneira particular". Pretende-se que as atividades educativas se articulem em torno dessas "situações-problemas", de uma forma que superem a organização curricular tradicional por meio de disciplinas estanques e possam assim "indicar claramente a perspectiva de abordagem da situação-problema" (BRASIL, 2005, p. 24).

A preparação inicial e a formação continuada dos educadores do Programa foram concebidas em nível nacional a partir de um *Sistema de Formação Continuada e Apoio à Aprendizagem*, responsável pela seleção e preparação dos docentes. Segundo o documento-base do ProJovem, os professores deveriam ser recrutados segundo dois critérios: "a) competência em uma área específica do currículo (formação docente, em nível de graduação, em Língua Portuguesa, Língua Estrangeira,

Matemática, Ciências Humanas, Ciências da Natureza, Qualificação para o Trabalho e Ação Comunitária) e b) disponibilidade de tempo (mínimo de 30 horas semanais)" (BRASIL, 2005, p. 46).

O documento que instituiu o ProJovem tomava como ponto de partida a idéia de que "sendo a formação específica em uma área do currículo um pré-requisito para a admissão [...], a preparação dos profissionais" se concentraria em capacitá-los para apreender o programa (estrutura, objetivos, material pedagógico), para atender ao perfil de jovens e para atuar de acordo com a "dinâmica pedagógica integrada que o caracteriza".

A proposta previa um curso de 160 horas, oferecido antes do início das atividades dos docentes no programa, desenvolvido por uma Instituição de Ensino Superior, seguido de um processo de formação continuada, abrangendo três horas semanais de estudo. O foco da proposta de formação centrava-se no processo e nas ações curriculares, "tendo como referência o Guia do Professor", material didático utilizado nacionalmente no programa. De acordo com a proposta, os educadores seriam preparados mediante o estudo de conteúdos, metodologias e "princípios e valores".

Embora não seja objeto de análise neste momento, podemos antecipar algumas considerações sobre os pressupostos subjacentes a essa proposta e sobre os limites apresentados durante a sua execução. Ao partir do pressuposto de que os professores já dominavam o conteúdo, cabendo apenas prepará-los para aplicar conhecimentos adquiridos na formação inicial de acordo com os princípios, as metodologias e os valores do ProJovem, adota-se uma perspectiva simplista e ingênua de formação docente, além de claramente instrumental. Contraditoriamente, o documento apresenta como um dos eixos metodológicos do ProJovem a vinculação entre teoria e prática, sendo esse um pilar da formação continuada.

Outro aspecto a ser considerado, então, diz respeito à proposta de formação continuada, que abrangeria três horas de estudos semanais. Na prática, essa intenção nunca se concretizou, tendo em vista a grande concentração da carga horária prevista para o desenvolvimento do programa. Esse limite estrutural se revelou como um grande problema no desenvolvimento das ações de formação continuada.

A EXPERIÊNCIA DE FORMAÇÃO DESENVOLVIDA NA FaE/UFMG: ALCANCES E LIMITES

As atividades de preparação inicial e formação continuada de educadores do ProJovem-BH tiveram início em meados de 2005, quando o programa, na capital mineira, ainda estava em processo de implantação. Nessa época, já havia uma Estação da Juventude, recentemente implantada, contando com cerca de 40 profissionais que participaram do curso de preparação desenvolvido por outra instituição e que seriam acompanhados pela atual equipe nas atividades de formação continuada. Uma segunda turma com 162 profissionais, entre professores da Educação Básica, coordenadores e educadores sociais, foi selecionada para atender às matrículas abertas nas três novas Estações que seriam implantadas.

Nesse primeiro momento, várias questões já se apresentavam para a equipe encarregada pela formação de educadores do Programa em Belo Horizonte, antes mesmo que o trabalho se iniciasse. Um dos maiores desafios referia-se ao perfil dos educadores selecionados que majoritariamente não tinha formação específica ou experiência de trabalho com jovens. Selecionados a partir de dois critérios básicos, formação específica e disponibilidade de tempo, essa seria a primeira experiência de trabalho em um programa com essa natureza e com jovens com essas características.

Outro aspecto se referiu ao fato de que se tratava de uma equipe de educadores recém-constituída, sem uma trajetória comum. A isso se somava o agravante de que a formação, embora valorizada pelo grupo, não se apresentava como uma demanda coletiva, nascida das necessidades formativas percebidas no cotidiano do trabalho, mas como determinação prevista na estrutura do programa. Tal proposta, definida centralmente pela equipe em Brasília, previa uma carga horária elevada (160 horas) na etapa preparatória para a inserção no programa, se comparada ao tempo previsto para as atividades de formação continuada (12 horas por mês, durante 12 meses, ou seja, um total de 144 horas).

Diante de tais desafios, a equipe de formadores da FaE/UFMG definiu os seguintes objetivos a ser alcançados:

1. Sensibilizar os educadores para o trabalho com o público-alvo do ProJovem, refletindo sobre as especificidades dos sujeitos e buscando superar visões estereotipadas;

2. Estimular a construção de vínculos entre os educadores de maneira que eles se sintam fazendo parte de uma equipe pedagógica;

3. Conhecer o ProJovem (estrutura, concepção, orientações, materiais de trabalho, etc.), refletindo sobre seus limites e suas possibilidades como política pública;

4. Discutir a proposta pedagógica dos núcleos, fazendo o planejamento inicial das atividades de cada equipe de educadores (NEJA, 2006, p. 2).

As intervenções realizadas no âmbito da formação continuada procuraram acompanhar o trabalho desenvolvido nos Núcleos e Estações e dialogar com as demandas apresentadas pelos educadores e pelos coordenadores. Cada Estação da Juventude foi acompanhada, durante o período de um ano, por dois formadores, que buscaram fornecer subsídio para as dificuldades apresentadas na implementação da proposta pedagógica do ProJovem e apoio ao desenvolvimento das intervenções e projetos pedagógicos elaborados pelos seus educadores.

A formação continuada foi concebida como um espaço de reflexão crítica sobre o projeto educativo e sobre as práticas pedagógicas em ação nos Núcleos, buscando criar estratégias e instrumentos de apoio aos educadores no desenvolvimento de suas atividades. Desse modo, o trabalho desenvolvido não privilegiou apenas a oferta aos educadores de cursos e oficinas, mas orientou-se por uma variedade de abordagens, procurando dialogar com a prática pedagógica dos seus profissionais, valorizar os saberes e as experiências realizadas pelos educadores e oferecer subsídios ao trabalho desenvolvido nos Núcleos.

A adoção de múltiplas estratégias educativas de formação continuada de educadores busca superar uma visão reducionista da formação docente, fundamentada em uma perspectiva instrumental e tecnicista de preparação e preenchimento de lacunas da formação inicial. Assim, para além de "preparar" os profissionais para atuarem de acordo com os princípios e diretrizes do programa, conhecendo sua estrutura e dominando o uso do seu material didático, a proposta desenvolvida pela FaE/UFMG pretendia estimular os educadores a construir propostas pedagógicas a partir da realidade vivida pelo grupo em seus diferentes contextos de trabalho.

Partiu-se do pressuposto de que, embora se tratando de jovens com um perfil socioeconômico semelhante, havia uma grande diversidade quanto às experiências sociais, escolares, de trabalho e culturais desses alunos. Se considerarmos a experiência escolar de cada um, por exemplo, não obstante a maioria tenha uma trajetória irregular, os motivos dos abandonos e retomadas dos estudos são os mais variados: trabalho/desemprego, gravidez, reprovações, insatisfação com a escola, etc. Nesses percursos singulares, também se elaboram diferentes disposições em relação à escola e aos professores, bem como diferentes perspectivas acerca da importância da educação para cada um.

Assim, um eixo que conduziu todas as intervenções dos formadores foi o de procurar discutir com o grupo de educadores do programa as especificidades do público, por meio do levantamento das seguintes questões: o que entendemos por juventude? Quais as principais características – sociais, econômicas e culturais – da juventude contemporânea? Qual a condição juvenil brasileira? Como os jovens elaboram a sua experiência diante dos limites e possibilidades do contexto social em que vivem?

Essas e outras questões pretendiam romper com o senso comum em torno das representações comumente associadas à juventude contemporânea, que oscila entre uma negatividade exacerbada (os jovens como o motivo de todos os males sociais) e uma visão idealizada (os jovens como "naturalmente" inovadores e revolucionários). Tais representações podem ser exemplificadas por intermédio de um registro de uma educadora em uma das atividades realizadas:

> [...] a educação é um mecanismo de socialização do indivíduo como parte de um todo. Através do ingresso à escola, o jovem, no caso dos nossos alunos do ProJovem, resgata a sua cidadania. E isso é tão importante para eles porque faz com que se sintam importantes e "vivos" novamente. Nossos alunos são carentes de afeto e atenção e, para muitos, o ProJovem é como uma "luz no fim do túnel" ou uma "porta ou janela que se abriu" proporcionando-os a inserção ao convívio social. É como se, antes, eles fizessem parte de um "mundo perdido" e agora conseguissem atravessar o abismo que existia. (Educadora, Estação 4)

Em relação aos jovens pobres, em geral negros e moradores das periferias, há uma tendência a serem vistos como um problema social, o que se observa na própria nomenclatura utilizada nos programas sociais dos quais são o alvo: "jovens vulneráveis", "jovens em situação de risco social", etc. Isso transpareceu nas atividades coletivas realizadas com os educadores, quando eles revelaram opiniões negativas sobre os jovens, nas quais ressaltaram aspectos pedagógicos, tais como: "Os alunos não sabem ler e escrever"; "eles têm dificuldades de aprendizagem"; "alunos com problemas de alfabetização"; e comportamentais: "Alunos fora de sala por motivos diversos: fumar, namorar, conversar, telefonar (celular)"; "baixa freqüência nas sextas-feiras"; "fumar no horário de aula"; "falta de pontualidade"; "alunos indisciplinados"; "alunos sem limites"; "alunos que desarticulam o grupo".

A proposta desenvolvida teve como pressuposto a idéia de que os educadores eram sujeitos socioculturais, que, com base em suas experiências pessoais, profissionais e sociais, desenvolviam um modo próprio de ver os outros sujeitos, a instituição escolar e a educação. Ao ter como ponto de partida essas concepções, esses sujeitos constroem suas relações com os jovens e com os colegas de trabalho, seu modo de atuar, suas abordagens pedagógicas, etc. Coube, então, durante todo o processo formativo, explorar as tensões em torno das representações sociais acerca da juventude pobre e do papel da escola como possibilidade de inclusão social e educacional desses jovens.

A construção de projetos educativos que incorporem uma perspectiva do jovem como sujeito de direitos supõe a valorização do educador. Então, outro pressuposto que guiou as intervenções dos formadores foi o de que cabia ao processo de formação refletir sobre o contexto e as condições de atuação autônoma dos profissionais do ProJovem. Partia-se da idéia de que a experiência de formação não deveria apenas *preparar* os educadores para aplicar o programa, conforme o desejo inicial dos gestores em Brasília, mas que as experiências proporcionadas seriam mais ricas na medida em que os educadores fossem capazes de conduzi-las com flexibilidade e inovação. Tal autonomia significava que, sem desconsiderar os princípios e orientações nacionais, os educadores deveriam atuar segundo o contexto de cada Núcleo ou turma, a partir da produção coletiva de projetos pedagógicos que respondessem às necessidades e perspectivas dos jovens em seus diferentes Núcleos.

Quanto a esse aspecto, as dificuldades eram maiores, pois a urgência em implantar o programa em Belo Horizonte trouxe como conseqüência vários desafios em relação às condições estruturais e materiais de seu funcionamento. Uma das atividades realizadas com os educadores indicou algumas dessas dificuldades: "atraso no repasse de recursos"; "resistência de algumas direções das escolas em relação aos jovens atendidos no programa"; "insuficiência de tempo para o planejamento coletivo das atividades pelos professores"; "o conteúdo do material didático é limitado para uma formação que desenvolva um maior número de habilidades" (NEJA, 2007, p. 34).

Os alunos também tendiam a manifestar várias críticas em relação à "desorganização do programa". É natural que os jovens tenham procurado o programa com algumas expectativas geradas, principalmente em relação à formação profissional e ao curso de informática. Tais expectativas alimentadas no processo de divulgação do programa na mídia local, ao se confrontarem com as condições precárias de funcionamento, geravam um clima de incerteza quanto à qualidade da formação oferecida. Assim, além de lidarem com as demandas cotidianas de um programa em implantação (contornar problemas de ordem material, criar rotinas de trabalho, planejar atividades, etc.) os educadores se viam com o grande desafio de motivar os alunos, convencendo-os da importância de se envolverem nas atividades.

Esse clima repercutiu diretamente no processo de formação, conforme ilustra um trecho de um dos relatórios de acompanhamento elaborado pelos formadores:

> Inicialmente, o trabalho de formação continuada ficou prejudicado devido ao grande volume de demandas administrativas apresentadas pelo grupo de professores e coordenação da Estação. As principais demandas desse momento eram: as desencontradas informações administrativas, as precárias estruturas de espaço físico e equipamentos encontrados nas escolas, inúmeras dúvidas relativas à contratação e direitos trabalhistas, entrega de notas, freqüências e avaliações, etc. Estas dificuldades administrativas, naturais aos programas em seu período inicial, provocaram algumas resistências às atividades de formação pedagógica. Vários educadores declaravam que não discutiriam projetos e demandas pedagógicas se não pensassem primeiro nas estruturas básicas para o funcionamento dos Núcleos. (NEJA, 2006, p. 35)

Há sempre uma grande possibilidade de que ocorram situações de tensão e resistência por parte dos educadores envolvidos nas experiências de formação continuada, já que as atividades põem em interação diferentes atores – formadores, professores, gestores e alunos – diante da tarefa de refletirem sobre as situações envolvidas nos processos educativos. Essas tensões próprias dos processos de formação continuada ganham uma dimensão maior quando elas estão envoltas em contextos em que os profissionais se sentem desvalorizados e inseguros. Daí, perguntamos: como construir propostas pedagógicas que valorizam as experiências e saberes dos estudantes se os próprios educadores não se sentem valorizados como profissionais? Como se constituir como uma referência positiva para esses jovens se, na precariedade e na improvisação, os educadores confirmavam imagens negativas de si e da profissão?

Outra dificuldade constantemente enfrentada durante o processo de formação continuada dizia respeito à distância entre a proposta pedagógica concebida e a sua operacionalização. O mais visível quanto a isso dizia respeito à possibilidade de construção da integração curricular nos três eixos propostos: educação básica, qualificação profissional e ação comunitária. Assim um dos relatórios da equipe de formação registra que:

> Em alguns momentos, percebemos um distanciamento, ausência de diálogo e concepções diferentes sobre o programa entre os professores de AC, EQT e educação básica. Esse distanciamento trouxe conseqüências para o trabalho de formação e para a integração dessas áreas do programa (NEJA, 2006, p. 35).

Os profissionais que atuavam nessas áreas possuíam diferentes concepções e práticas educativas que traziam de experiências e formações anteriores. Se tal desafio é intrínseco aos processos de formação continuada de educadores, no caso do programa, ele se agravava. Além das dificuldades materiais, a ausência de um tempo maior reservado ao planejamento coletivo e o predomínio de uma matriz curricular compartimentada nas disciplinas tradicionais induziam ao trabalho isolado.

Considerações Finais

A experiência que conduzimos durante pouco mais de um ano à frente da equipe de formação continuada do ProJovem-BH buscou oferecer aos educadores a oportunidade de reflexão sobre suas práticas pedagógicas. Nossa principal preocupação foi a de sensibilizar os educadores para desenvolverem um olhar mais amplo para os sujeitos atendidos pelo programa, construindo assim experiências educativas que valorizassem os saberes, os valores e as práticas sociais desses jovens.

Nesse sentido, alguns problemas dificultaram muito o trabalho desenvolvido. Naturalmente, muitas dificuldades referiam-se a problemas de gestão de um programa recém-implantado como, por exemplo, as dificuldades de comunicação e encaminhamentos burocráticos e a falta de orientação quanto a aspectos da gestão pedagógica. Outros problemas mais graves, como a falta de infra-estrutura adequada, o funcionamento precário das escolas no período noturno e as questões relativas à contratação dos professores, também interferiram no desenvolvimento das atividades de formação.

Mas as dificuldades não se resumiram a esses aspectos, pois diziam respeito à própria concepção do programa. O modelo de formação idealizado para o programa em nível nacional e as expectativas quanto a essa ação estava relacionada à forma como o poder público formulou suas ações no âmbito do ProJovem. Embora esse seja um dos frutos de um longo processo de consultas e encontros com os diferentes atores envolvidos no campo das políticas de juventude – parlamentares, especialistas, educadores, organizações juvenis –, do nosso ponto de vista, ele reproduz problemas já identificados e criticados tanto nos estudos sobre as políticas públicas de juventude quanto nos debates sobre a Educação de Jovens e Adultos no Brasil. A ênfase em ações emergenciais, a precariedade na execução das ações, a improvisação das ações, a ausência de sintonia intersetorial e o paralelismo de ações entre vários órgãos do Estado são alguns desses problemas.

Certamente a solução dessas questões não depende de um programa ou governo, pois se tratam de problemas seculares na gestão das políticas públicas no Brasil. No entanto, não se pode desconsiderar que a escolha pelo desenho final do programa não representou a ruptura com um padrão já tradicional no âmbito das políticas de juventude. A proposta de formação dos educadores do programa está consoante com essa realidade, configurando-se a partir de uma perspectiva simplista e ingênua. A sua visão aplicacionista, ou seja, o desejo dos gestores de se apresentarem aos educadores currículos e material didático pré-concebidos para serem meramente "aplicados" por eles e a reduzida carga horária prevista para as atividades de formação continuada, por exemplo, são indícios desse quadro. Além disso, embora o programa se guiasse pela idéia de integração entre as suas três dimensões – Ensino Fundamental, Qualificação para o Trabalho e Ação Comunitária – a ausência de canais de diálogo e de trabalho coletivo entre os educadores dessas três esferas do programa comprometia a capacidade da formação continuada em oferecer subsídios para a sua construção.

Um balanço final da experiência nos indica dois desafios que se constituíram como um tema recorrente na experiência. O primeiro diz respeito a incorporar o sujeito-jovem, seu universo sociocultural e a idéia de participação dos jovens no decorrer do programa. A participação pensada a partir da ação comunitária transformou-se em um conteúdo a mais, dirigida do programa à "comunidade" em geral. Ainda é necessário desenvolver a postura e construir estratégias que reconheçam os jovens como capazes de decidirem sobre as atividades, as rotinas, o funcionamento do programa e, sobretudo, a respeito do próprio processo de aprendizagem.

Outro desafio diz respeito à relação entre a diversidade e os processos de escolarização desses jovens. Quais conteúdos escolares desenvolver? Diante da padronização do programa, como incorporar tal diversidade? Esse é um desafio para o campo da formação docente dado pelo contexto tratado no início deste capítulo. Ou seja, diante da chegada aos sistemas de ensino de jovens das camadas populares, muitos com trajetórias escolares sinuosas e incompletas, a instituição escolar é desafiada a repensar a sua organização pedagógica e curricular.

Referências

ABRAMO, H. W.; BRANCO, P. P. M. (Orgs.). *Retratos da Juventude Brasileira. Análise de uma pesquisa nacional*. São Paulo: Instituto Cidadania; Editora Fundação Perseu Abramo, 2005.

BRASIL. Secretaria-Geral da Presidência da República. Secretaria Nacional de Juventude. *ProJovem: Programa Nacional de Inclusão de Jovens: Educação, Qualificação e Ação Comunitária*. Brasília, mar. 2005.

DINIZ-PEREIRA, J. E.; LEÃO, G. M. P. L. *Relatório Final das Atividades de Preparação Inicial e Formação Continuada de Educadores do ProJovem-BH*. Belo Horizonte, dez. 2006.

FANFANI, E. T. *La escuela y la cuestión social*. Buenos Aires: Siglo XXI Editores Argentina, 2007.

MARTINS, J. S. *A exclusão social e a nova desigualdade*. São Paulo: Paulus, 1997.

RUMMERT, S. M. A educação de jovens e adultos trabalhadores brasileiros no século XXI. O "novo" que reitera antiga destituição de direitos. *Sísifo Revista de Ciências da Educação*, Lisboa, n. 2, jan./abr. 2007.

SPOSITO, M. P. Algumas reflexões e muitas indagações sobre as relações entre juventude e escola no Brasil. In.: ABRAMO, H. W.; BRANCO, P. P. M. (Orgs.) *Retratos da Juventude Brasileira. Análise de uma pesquisa nacional*. São Paulo: Instituto Cidadania/ Ed. Fundação Perseu Abramo, 2005.

Os autores

Ana Maria Simões Coelho – Professora do Instituto de Geociências da UFMG. Coordenadora da Área de Geografia do PROEF-2.

Carla Valéria Vieira Linhares Maia – Professora da Rede Municipal de Educação de Belo Horizonte e doutoranda na FaE/UFMG;

Catherine Monique de Souza Hermont – Professora da Rede Municipal de Educação de Belo Horizonte e mestranda na FaE/UFMG.

Danusa Munford – Professora Adjunta da Faculdade de Educação da UFMG. Coordenadora da Área de Ciências da Natureza do PROEF-2.

Denise Alves de Araújo – Professora da Escola de Ensino Fundamental do Centro Pedagógico da UFMG. Coordenadora da Área de Matemática do PROEF-2.

Eliane Castro Vilassanti – Professora da Rede Municipal de Educação de Belo Horizonte e doutoranda na FaE/UFMG.

Geraldo Leão – Professor Adjunto da Faculdade de Educação da UFMG. Membro da equipe do Programa Observatório da Juventude da UFMG.

José Raimundo Lisbôa da Costa – Professor Adjunto da Faculdade de Educação da UFMG. Coordenador da Área de História do PROEF-2.

Juarez Dayrell – Professor Adjunto da Faculdade de Educação da UFMG. Coordenador do Observatório da Juventude da UFMG.

Juliana Batista dos Reis – Socióloga e Mestranda na UfsCar.

Júlio Emílio Diniz-Pereira – Professor Adjunto da Faculdade de Educação da UFMG. Coordenador Geral do PROEF-2.

Lúcia Helena Alvarez Leite – Professora Adjunta da Faculdade de Educação da UFMG. Coordenadora do Programa de Formação Intercultural de Professores Indígenas.

Maria da Conceição Ferreira Reis Fonseca – Professora Adjunta da Faculdade de Educação da UFMG. Coordenadora do Programa de Educação Básica de Jovens e Adultos da UFMG.

Maria Isabel Antunes Rocha – Professora Adjunta na Faculdade de Educação/UFMG. Coordenadora do Curso de Licenciatura em Educação do Campo. Coordenadora do Núcleo de Estudos e Pesquisas sobre Formação e Condição Docente (PRODOC).

Miguel Gonzalez Arroyo – Professor Titular Emérito da Faculdade de Educação da UFMG. Ex-Secretário Adjunto de Educação da Prefeitura Municipal de Belo Horizonte.

Miguel Renato de Almeida – Sociólogo e Mestre em Ciências Sociais pela PUC Minas.

Míria Gomes de Oliveira – Professora Adjunta da Faculdade de Educação da UFMG. Coordenadora da Área de Linguagens do PROEF-2.

Nilma Lino Gomes – Professora Adjunta da Faculdade de Educação da UFMG. Coordenadora Geral do Programa Ações Afirmativas na UFMG e membro da equipe do Programa Observatório da Juventude da UFMG.

Rodrigo Ednilson de Jesus – Sociólogo, Mestre em Ciências Sociais pela UFMG e Doutorando na FaE/UFMG.

Shirlei Rezende Sales do Espírito Santo – Pedagoga, Mestre em Educação e doutoranda na FaE/UFMG.

Qualquer livro do nosso catálogo não encontrado nas livrarias pode ser pedido por carta, fax, telefone ou pela Internet.

✉ Rua Aimorés, 981, 8º andar – Funcionários
Belo Horizonte-MG – CEP 30140-071

📱 Tel: (31) 3222 6819
Fax: (31) 3224 6087
Televendas (gratuito): 0800 2831322

@ vendas@autenticaeditora.com.br
www.autenticaeditora.com.br

Este livro foi composto com tipografia Bembo e impresso em papel Pólen 80g. na Formato Artes Gráficas.
